U0944195

和普京一起学柔道

作者：[俄] 弗拉基米尔·普京
[俄] 瓦西里·舍斯塔科夫
[俄] 阿列克塞·列维茨基
译者：赵卫忠、于冬敏、葛志立

当代世界出版社

图书在版编目（CIP）数据

和普京一起学柔道／（俄罗斯）普京，（俄罗斯）舍斯塔科夫，（俄罗斯）列维茨基著；赵卫忠，于冬敏，葛志立译．—北京：当代世界出版社，2011.10

ISBN 978－7－5090－0495－1

Ⅰ.①和…　Ⅱ.①普…②舍…③列…④赵…⑤于…⑥葛…　Ⅲ.①柔道－基本知识　Ⅳ.①G886.4

中国版本图书馆 CIP 数据核字（2011）第 199958 号

图字：01－2011－5855 号

书　　名：和普京一起学柔道
出版发行：当代世界出版社
地　　址：北京市复兴路 4 号（100860）
网　　址：http：//www.worldpress.org.cn
编务电话：（010）83907332
发行电话：（010）83908410（传真）
（010）83908377
（010）83908409
经　　销：新华书店
印　　刷：廊坊市金盛源印务有限公司
开　　本：880×1230 毫米　1/16
印　　张：10
字　　数：230 千字
插　　图：90 幅
版　　次：2011 年 10 月第 1 版
印　　次：2011 年 10 月第 1 版
书　　号：ISBN 978－7－5090－0495－1
定　　价：98.00 元

作者寄语

弗拉基米尔・普京
Владимир Путин
俄罗斯联邦总统
（2000—2008）
俄罗斯联邦总理
（2008—至今）
柔道与桑搏运动健将
俄罗斯功勋教练员

瓦西里・舍斯塔科夫
Василий Шестаков
俄罗斯联邦会议国家
杜马议员
国际桑搏联盟主席
柔道与桑搏运动健将
俄罗斯功勋教练员
教育科学副博士

阿列克塞・列维茨基
Алексей Левицкий
柔道与桑搏运动健将
教育科学博士
教授
国际柔道裁判
俄罗斯柔道裁判联合
会主席

我们希望这本书不仅能够吸引那些将柔道视为生命的人，并且能够吸引那些从来都未曾走上榻榻米的人来学习柔道，使柔道初学者受益匪浅，此外，我们也希望本书能够引起专家学者的兴趣。

从未接触过这种独特搏击的人会有大量的问题，柔道本身形式究竟如何，决斗的地点，运动员应该遵守何种礼节，训练从何处着手等，读者都会在书中找到答案。

书中还包含调整柔道运动员体重与饮食结构、预防损伤的实用建议。

作者尽量不回避柔道的实用章节，即自卫术的动作，它们奠定了桑搏的基础，这在不久前才广为人知，而过去对其知之甚少。

读者可以了解到嘉纳治五郎生活中鲜为人知的点点滴滴，正是由于他，世界各地成百上千的人们不仅仅为了战胜对手而穿上了和服。

在榻榻米上克服自己弱点和不足的同时，我们会认识自己，使自身更趋完善，从而也会使周围世界变得更加美好。

中文版前言

《和普京一起学柔道》中文版经过多年的准备，今天终于和大家见面了。出版此书是希望大家能够共同进入普京的体育运动境界，在运动中感受体育的美妙，锻炼好身体，又获得好的修养，在运动实践中与普京共同分享快乐。

本书是由俄罗斯前任总统、现任总理弗拉基米尔·普京与瓦西里·舍斯塔科夫和阿列克塞·列维茨基三位共同编写。普京不仅是国际著名的政治人物，还是很多国家年轻人眼中的英雄，是柔道与桑搏运动健将，获得柔道黑带6段，俄罗斯功勋教练员等荣誉。

中国人热爱武术有几千年的历史，尤其崇敬文治武功集于一身者。

普京说过："我爱好体育，尤其是柔道。柔道能锻炼人的勇气，同时让练习者懂得尊重对手和保持谦虚。"在出版该书时，普京也表示："柔道学校是互助和合作的课堂。在此可以高度评估您的自信、果断性、坚定的目的性和忍耐力。"

《和普京一起学柔道》一书兼具实用教学和增长知识的双重作用，作者采用通俗易懂的方法向读者全面介绍了这一古老东方搏击项目。从未接触过这项奇特搏击形式的人会提出很多问题，但他们都将会在本书中找到答案。

本书讲述了柔道的起源和发展历史，如何从日本走向世界并且成为世界级的体育运动项目，介绍了俄罗斯的柔道发展情况和所取得的辉煌成绩。书中介绍了柔道运动的场地、服装、礼仪等常识性知识，以及在练习柔道之前应进行的各种准备活动和各种自我保护方法。读者可以从本书中了解到嘉纳治五郎生活中鲜为人知的事实，以及为普及与推广柔道运动所做出的贡献，正是因为他，世界各地的成百上千的人们不仅仅为了战胜对手而穿上了和服。

本书的最大特点是文字简练生动、图文并茂地介绍了柔道的各种技术战术，也涉及到了柔道的搏斗部分。书中包含调整柔道运动员体重、饮食结构、预防损伤方法的实用建议，以及对比赛的组织、实施与评判。

《和普京一起学柔道》一书也对俄罗斯桑搏进行了介绍。目前桑搏在中国知道的人还很少。“桑搏”是俄语“徒手自卫术”的简写音译。桑搏运动最初只在前苏联军警中开展，今天桑搏和武术一样，已经成为世界体育联合会总会发起创建的《世界武搏运动会》的十三个项目之一。国际桑搏联盟（FIAS）1984 年 6 月 13 日在西班牙的马德里成立。今天桑搏已发展到世界五大洲的 80 多个国家。国际桑搏联盟的名誉主席是俄罗斯现任总理普京先生，主席是本书作者之一的舍斯塔科夫先生，中国代表是葛志立先生。桑搏必将在中国获得蓬勃发展。欢迎您一起参加桑搏运动。

我们选择在 2011 年 10 月出版《和普京一起学柔道》一书的中文版，是因为 10 月 7 日是普京先生的生日。我们希望给普京先生一份难忘的礼物。

目　录

回 顾 历 史

起始：最初的路

说到柔道本身的起源，就必须提到多个世纪以来的武力搏斗传统，这种搏斗是在日本中世纪不同柔术学派中形成并发展起来的。

尽管事实似乎已经非常清楚，但是至今仍有争论，该项自卫术传统究竟是纯粹起源于日本还是从外国传入日本的。这一话题非常微妙，因为这会涉及到日本人的爱国情愫。

关于柔术出现的历史，实际上存在着三种不同的版本。第一种版本宣称，柔术的故乡在中国，而传入盛开着樱花的岛国日本则与一位名叫陈元赟的东渡和尚有关。由于在明朝从事暗杀的原因，他离开了中国，在日本江户的一座寺院中找到了自己的避难之所。他生活拮据，远离凡尘和喧嚣。他给无数达官显贵的孩子们教授中国书法和哲学知识，翻译中国古典文学。偶尔会去游历，绘画多册集的山水画卷，但最重要的是，他教会了不少日本武士掌握搏斗术，从而使柔术在日本广泛地流行起来。

第二种版本与久森竹之内的名字有关。根据传说，该人梦到了一个隐居和尚，有一天，这位和尚下山后，将冲刺术和疼痛动作技巧秘密传给他。这一版本证明了柔术纯粹起源于日本的说法。

最后，众所周知的是秋山四郎医生的故事。冬季里他经常在花园里散步，欣赏着樱桃枝（也有另外一种说法说是杉树枝），樱桃树在对来年春天的期待中睡得特别安详，头上顶着白雪的帽子。有一次，秋山发现，沉重的枝条承受不了大雪的重压，几乎都折断了。尽管幼小而柔软的树枝垂啊垂，都垂到了地上，但是并未折断。雪从枝条上滑落后，枝条完好无损，又重新恢复过来了。秋山看到后陷入沉思，然后他突然大喊道："开始的折服是为了以后得胜啊！"他的这句话就是属于搏击运动。由此为基础，他辛勤工作，终于创立了搏击术。在对日本当时广泛普及的小具足等肉搏术做了研究后，为了拓展自己的知识，他前往中国，在中国学习当地的一些锁缚和太极推术等搏击项目。在对这些技术进行系统化总结后，他与弟子、志同道合者一起向天皇特诏委员会呈献了数千种动作，构成了柔术的基础。

德国柔术研究大家、著名文化学者卡尔·嘎格曼曾经在20世纪20年代指出，日本柔术搏击术的知识基础，与其他搏击术一样，都起源于中国。这就更加证实了日本柔术（我们还想起了空手道）来自中国，推翻了日本人所说的"纯粹是本国创造"，其目的不过是为了用"自主知识产权"把它的级别抬得更高。

作为对搏击场上赤膊搏击经验进行系统化和总结的术语，柔术出现在14世纪末。日本搏击术在三百多年的德川幕府统治下处于繁荣时期，柔术学校的数量有将近700所。

19世纪末，日本开始了惊人的变革。1868年在激进的改革拥戴者的支持下，明治当上天皇，社会各个领域开始了革命性的明治维新。国家长期以来闭门锁国的时期结束了，西风开始渗透到普通日本平民的日常生活中。历史的舞台上出现了对新东西和现代事务感兴趣的一代人，欧洲戏剧和橄榄球成为这一代人的象征。武士道传统消亡了，受到此种威胁的还有古老的搏击术，而武士道氏族的代表曾经是搏击术的载体。

西方文化元素在日本社会的快速普及推广，对于柔道的出现也起到了一定的作用。这是一种多方面的体力培养系统，它将武士道精神和传统与奥林匹克运动精神糅合在一起，其创立者便是嘉纳治五郎。他于1860年10月28日生于兵库县离京都不远的小城市御影町。嘉纳的父辈可以追溯到日本史的起源，在他的祖辈中既有神道教和尚，也有佛学流组，还有孔夫子传人。他母亲贞子属于最著名的清酒生产家族，家中共有两个兄弟和两个姐妹，治五郎在家中排行最小。从幼年起，治五郎就对研习人文学科产生了浓厚的兴趣，像日本大多数的孩子一样，他身上体现了勤奋和耐性。当他年满11岁时，全家都搬到东京，这位未来的柔道创始人在两所学校同时继续着自己的学业。他在一所学校中学习的是非常晦涩难懂的日本书法，在另外一所学校学习的是英语。他从13岁起开始接受当代教育，当时父亲非常认可儿子的才能，把他转入英国人开办的私人学校。在这所学校里，年轻的嘉纳很快就成为班里的第一名。但是教授体育科目的老师并不喜欢他，同学看他的目光也是轻视性的，从上往下看，因为嘉纳生来体弱，即使根据日本人的标准也是一个小矮个儿。

在当时的日本，柔术既不时髦，也没有崇拜者学习，对于家境好的年轻人来说，这项运动并不被看成是非常可敬的运动项目，无论是父亲，还是朋友们，都不赞成找柔术教师。治五郎的性格非常坚毅，无论是在少年时代，还是以后大学时代，他都能够捍卫自己的信念。按照现在的尺度来看，治五郎开始接触单一搏斗的时间非常晚，因为他已经年满17岁了。但这只是能够证明，搏击与爱情一样，是不分年龄的，任何年龄的人都可以坠入爱河。

在寻觅中，这个年轻人被拉入天神真杨流派，该流派于1795年由矶右卫门师傅创建。八木多之助向嘉纳教授技术原理，他是个有远见的教育工作者，慧眼识才，发现了学生的才能，给他所需的建议，让校长福田八之助收他为徒。福田八之助对东方医学非常有造诣，他除了对本身工作是行家里手外，还虔诚地保守着古代搏击自卫术的绝密。据嘉纳回忆，福田八之助是个非常善良的人，特别钟爱年轻弟子。训导师福田八之助认为，自由搏击，即自由式拳击方法是主要训练手段。柔术技术训练的构想在于，在展示这种或那种行动后，学生应该在训练性对决中加以掌握。嘉纳顽强地进行训练，成绩斐然。但是与这位年老的流组的交往时间并不长，1879年，福田八之助老师去世了，但他将与该流派相关的所有手稿都交给了嘉纳治五郎。

同时嘉纳还考入东京帝国大学，此后该校变成东京天皇大学，他先是在该校经济系学习，后又转入师范系。在求学期间，他与加藤孝明和坪井结识，这在此后柔道的命运中扮演了重要角色。在他的新朋友中，一位后来成为首相，另一位则成为东京大学的校长。东京大学是一个文化中心，宣传欧洲的思想和成就。转折时期的青年人以饱满的热情打开当时被禁的西方文化大门，他们痴迷戏剧，抵制日本的歌舞伎，身穿欧洲时尚的衣衫。在这种大的背景下，嘉纳尝试与日本潮流作斗争的做法就不会在大学同学中得到理解，因为同学们的注意力都集中在一些尽管名字让人感到陌生、但是非常诱人的欧洲运动项目上，如英国板球、划桨、棒球等。

在向福田八之助老师求师期间，年轻的嘉纳不得不经常面对的是一位名叫福岛的、体重比他重一倍的人。福岛是贩鱼的批发商，也是很棒很有经验的弟子，嘉纳经常把训练时的师傅换下场，因为福岛经常把师傅们的身体摔坏。嘉纳无数次尝试打败体力上占优势的对手，但是每次都以失败告终。这位未来的柔道创始人经常思考如何战胜这些难以制服的对手。

有一次，治五郎想到了使用一种家庭战术准备方法，并且他对这种方法精心准备了很长时间。他比平时更早地来进行训练，他一个人坐在角落里，一直在观察着自己潜在对手的搏击方法和移动动作。在训练结束后，嘉纳换了训练服，非常尊敬地向福岛鞠了个躬，请求与他对决。对手笑起来，一副轻松的样子同意了请求。因为他已经有无数次获胜的经验，他非常自信此次自己能够得胜。嘉纳站在离对手两米开外的地方，似乎没有任何要向前进攻的企图。福岛有些不知所措，又有些气恼，于是向前迈了一步，同时紧跟着迈了第二步，闪电般地抓住看上去非常柔弱的嘉纳的和服领口。这正是已经做好准备正待时机的对手所盼望的。嘉纳用异名手抓住对手正在进攻的那只手，将领口向对手弯向四分之一，将双腿下蹲，另一只手去推已经失去平衡的福岛。在旁边观者死一般的静寂之后，福岛“嘭”的一声全身四仰着地。使观众感到更为惊奇的是，被扑倒在地的对手受到了极大震惊，很长时间都无法站起来。

此次胜利的重要意义在于，这使柔道创始人能够坚信“打破平衡”技术的正确性，这是在准备猛扑时将对手从稳定平衡引出的方法。如今，任何柔道初学者都知道这点。可是在当时，这对于许多人来讲可算得上是一个启示。嘉纳治五郎本人也确信，“打破平衡”为摔倒对手的最重要的基础，因为在正确地将对手从平衡引出之后，才可以以最小的体力消耗来战胜强劲的对手。

向年轻弟子传授柔术基础理论的福田八之助导师逝世后，嘉纳就必须寻找新的导师了。

这一次嘉纳也非常幸运。众所周知，强者更能走运，因为只要不停地寻觅，总会找得到。矶正元成为他的师傅，他在天神真杨流派大师中排名第三。当时，矶正元已经62岁了。此人个子不高，外表孱弱，身材与自己的新弟子十分相似。他具有独特的人格魅力，性格坚毅，熟练掌握柔术技艺，周围人对他总是由衷地尊敬。后来，柔道创始人对在这所学校的训练给予非常高的评价，他认为，任何人在完成和展示肩锁动作时，都没有像自己的导师做得那样棒。矶正元两年之后离世，也将自己的文件都留给了弟子。

嘉纳治五郎的命实在是不错，在初期他就有了若干位好老师，其中第一位是搏击实践上的流组，而第二位是培训技术的流组。在天神真杨流派中，嘉纳获得“师范”（大师）的称号，并且这段时期对他来说算得上是富有成效的。每日清晨他早早起床，伴随东升的旭日开始习武，然后去大学上课。上完课后他又回到训练大厅，以便自己教授数组初学者学习动作。1881年，当矶正元生病时，嘉纳治五郎遇到了来自起倒流派的常俊井久保，该流派于1670年由金门寺田创立。于是，嘉纳便第三次更换了自己的柔术师傅。井久保过去曾是一名武士，在幕府传授柔术多年。命运之神降临到他的身上，流组可以更多地展示自己，保留着正如现在所说到的很好的运动形式。这位前武士生活窘迫，直到临终的那一天都保留着对柔术的信念。这位新任弟子不仅从他身上学会了优美的动作，还学会了坚强和顽强的生命力。嘉纳把实践课与研究柔术的手稿结合在一起，其技艺更加复杂并且在研究时奉献全身心的力量。仅仅过了一年，导师不得不承认，“我再也没有什么可教授你柔术的了……”。

很快试验的时间到了。东京大学校长按照惯例邀请不同运动科目的代表参加展示活动，目的是在年轻人之间宣传体育教育。例行的展示活动在新建成的大礼堂内举行，礼堂内容纳了数百观众。此次邀请了柔术学校的学生参加，由 80 高龄的户冢导师率领。

当时柔术并没有竞赛规则，可以使用任何抓握动作完成对决，失败方是背部挨地，宣告自己失败，或者不再有继续能对决的人。对决的时间也没有限制。在完成表演节目后，户冢流组问旁观者："有谁还想来比试比试?" 嘉纳治五郎决不会放过这样一个考验自己的机会，并且是挑战最强壮的同学来比赛。克服高大健硕对手的所有尝试均以失败而告终。此人不但力气大，而且搏击的技法高强。即便如此，嘉纳治五郎也被视为胜利者，因为他以自己的勇敢和技能而受到大学领导人，甚至是已经丧失信心的年老的流组的称赞。此次交锋成为后来在战斗技巧领域继续工作的动力。

尽管大学的学业十分繁重，但是嘉纳从来不放过每一次训练。1882 年夏天，他获得了文学教师毕业证书，这在当时已经近乎于日本社会高级知识分子的代表了。嘉纳决定继续贵族学院的学业，以便将来能够在国家公职位置上有好的发展仕途。但是由于对于柔术的痴迷，柔术早已经成为他毕生的事业并在逐步地改变着他的命运。

当年 2 月，嘉纳与几个同学在永昌寺寺庙开立了自己的学校。这就是如今世人皆知的讲道馆。讲道馆在当时分布在 4 个场地上，其中最大的一块场地面积为 4 ×6 米，就在道场中。学校设立的第一年仅有 9 名学生。这位初任教师用于购置这些小场地装备的资金实在有限。嘉纳用为教育部所定的英文书籍《道德论》翻译所赚到的稿费，筹到了所需数量的经费。

讲道馆学校成立的日期与柔道的诞生日是同一天。柔道是由嘉纳治五郎在古老柔术基础上创立的、旨在培养日本青年人的独特系统。这套在体力和道德上更加完善的系统，不仅具有实用功能，而且具有教育功能，并且其教育功能比培训功能重要得多。道场与神社的主殿相连，墙上挂着追悼死者的小木牌。当搏击进行的频率过于频繁时，地面的震动会导致小木牌相互之间敲击碰撞。每逢夜晚，这会让人感到像是神秘的神灵在跳舞。在这种非同寻常的环境下，小木板坠落的声音，有时是被折断的地板的咔嚓断裂之声（这些地板都经受不了下落身体的猛击），会引起偶尔来此的信徒的一哆嗦。在训练结束后，嘉纳老师在地板上爬行，用毛巾把头部包裹起来来绕开结得密密麻麻的蜘蛛网，他这样做是为加固房梁、更换破损的地板。第二天又重新开始。

当年，嘉纳把时间分配在佛学见习和科研工作上。一天的大部分时间里，他都与自己的弟子一起在神社度过，在这里吃饭、缝补和修改训练服、聊天和做功课。同时他也担任著名的皇家学校教师的职务，在该校学习的孩子都是特权人物的子弟。上课从每天一大清早就开始。每天的下午嘉纳会完全献给柔道。然后写笔记，并且准备次日的计划，翻译外文文章，有时在那里一直坐到后半夜。

前来参观嘉纳训练的许多人都是社会上的重要人物，有些学生来自名门望族。和尚和附近居住的居民感到惊讶，经常会看见部长们的马车就停在寺庙大门口。这些人的拜访都与嘉纳治五郎本人以及他所研制的柔道体系有关。即便如此，显而易见的是，和尚们的忍耐力也是有限的。有一次，寺院住持来到道场，观察流组和他的弟子们进行繁重的训练，之后他们话里有话地说："尽管嘉纳治五郎年轻，的确是位杰出人才，他唯一不足的就是对柔道的热情。" 导师井久保一天来校两次，有时甚至是三次。对决立刻就变成非同寻常的顽强了，没有什么好惊讶的，最终他们要求嘉纳治五郎的学生们另觅其他地方用于训练。

1883年2月，讲道馆离开了永昌寺寺庙，搬到一个非常简陋的地方，新的大厅内放不下所有的榻榻米，因此嘉纳建了座小房子，这座小房子与围栏并排，让人感觉更像是一座小窝棚，尽管非常宽敞，但是由于寒冷和潮湿根本住不了人。一年之后，他弟子的数量急剧增多，流组本人和他的弟子们非常高兴地获知他们将迁到新训练大厅。当年，嘉纳为讲道馆学生制定了行为准则。最先滴血签字的人为：富田常次郎、西乡樋口、西乡四郎、江湖山横山、义明山下。

也就是在同一天，西乡四郎和富田常次郎，这两名学校中最年长的学生，获得了达到一级大师等级标志的黑腰带。

嘉纳治五郎确立了5条宣誓誓言，该誓言的主要意思是：

——当我走上柔道之路后，如果没有不可抗拒的理由，我将不会放弃训练；

——我以自己的行为来承诺决不丧失道场的尊严；

——我任何时候都不会出卖学校的机密给不知情的人员，仅在最紧急时刻将在另外的地方上搏击课；

——我承诺未经自己老师的允许决不授课；

——在有生之年我宣誓，作为学生，我将遵从讲道馆的规则，如果将来成为训导师，我也将遵从其规则。

在最初阶段，任何人都没看出柔道和柔术之间的区别，也理解不了嘉纳治五郎所提出的思想的本质。年老的大师们认为他是个让人无法理解、好出风头的家伙，为自己的学问自高自大，尝试着将西方奇怪的东西加入到本国的古老的搏斗技艺传统中。

感觉到来自柔道方面的压力后，柔术代表们向嘉纳宣布进行残忍的决斗。在19世纪后半叶，对于刚刚站稳脚跟的柔道来说可谓是举步维艰，而且柔道已经开始为新日本公民的民权做着斗争，以便能够尽快成为新升起太阳国度的文化中不可分割的元素。

在得到承认后，嘉纳的学生们应该在实践中证明这种新系统的优越性。

很快，在授予第一批黑腰带后，在讲道馆的大厅内出现了三位体力强健、高大魁梧的汉子。一看就知道这三个人都是某一柔术流派的代表。实际上也的确如此。其中一人这样介绍自己和他的同伴："我叫小口市川，跟我同来的是奥田松五郎和大竹盛君。我们三个想看看你们的训练。嘉纳君在吗？"

"我们老师他不在，"富田回答道，不顾下一步的礼节，就直接问道，"各位客人，你们只是想看看如何上课吗？或者你们是来挑起争端的，这可不是第一次了。"

不论是来客的行为，还是揶揄的解释，都让嘉纳的学生相信，他们此行绝对不怀好意。看到自己的挑衅没有回应，小口直截了当地问道："主人们难道不想通过对决来检验一下自己的技艺吗？"富田牢记讲道馆的准则，回答说："未经老师的许可是不可以的。"小口挑衅道："看上去，这家学校的主要特点是逃避搏击啊！"当时西乡对自己的同学说："咱们接受这几位先生们的挑战，让我们把这次比赛当成是友好比赛如何？"富田摇摇头，答道，可能的失败会给他们学校带来不可挽回的损失，而他们将不可避免地永远失去老师。西乡四郎却与他的意见相左，他认为，恶意挑衅会贬低学校的尊严，尽管在冒险，但是他仍然决定去迎战，再也不想继续忍受歧视了。

正当西乡准备去参加对决时，横山和山下出现在大门口。感觉到在场各位的压力后，他们明白将会出现何种戏剧性的场面，而在参与其中后，也能预测到未经嘉纳博士的允许是不能接受挑战的。但是为时已晚，西乡已经对三位客人中最高大、最壮实的奥田松五郎鞠了个躬，后者也张开肌肉发达的双手，来了个传统式的抓取动作，把西乡向着自己身边拉，试图将他扔倒在地，然后再实施压制或者疼痛动作，以便消除对自己占优势这一点的种种怀疑。而嘉纳的这位弟子故意迂回前行，保持着平衡，使奥田松五郎的各种尝试进攻的方法均告失败。西乡就好像是橡皮做成的一样柔韧。他突然发起反攻，完成了一个猛冲，让对手傻了眼。在第一次被摔在地后，这位柔术健将闪电似的跃起，开始以加倍的体能进攻，其结果是一分钟后又重新感受到榻榻米的坚硬。这一次他未能站起来，承认自己失败了。

嘉纳治五郎的弟子战胜柔术健将的消息像长了腿一样在全市传播开来，而西乡四郎本人的声名甚至远扬到东京府以外的地区。他后来成为著名的文学作品的主角，以后又成为我们所熟悉的、由黑泽明所拍摄的电影《柔道天才》中的主人公姿三四郎的原型。西乡成为非凡的天才斗士，他勇于承受自己老师的失败，这本身说明，嘉纳是一位伟大的教育家。学生超越了自己的老师，这说明教练的工作是富有成果的。

从富士山到奥林匹亚之路

长久等待、并得到了自己祖国的正式承认后，嘉纳治五郎开始实施下一步的宏大计划，那就是应该让全世界都了解柔道。

嘉纳为自己制定了任务并且努力完成它。该任务规模宏大，嘉纳也明白，这是一个全世界范围的苦行僧似的事业，他应该是一个“世界人”。越往前推进，他越发现，一切涉及柔道之被承认、在群众中流传并普及之事，他都达到了。

如今，始建于1951年的国际柔道联合会拥有200个左右成员国。世界锦标赛和冠军赛定期举行，柔道已经被列入奥林匹克比赛的项目。女子柔道项目也占据着重要地位，其倡议者正是嘉纳治五郎本人。他曾经亲自主持了自己未来夫人须磨子的搏斗技术考试。他们两人于1891年成婚。他们家的女仆除了完成日常家务事之外，还同时对有意掌握柔道技术的姑娘们进行培训。非常有远见的嘉纳开创了一项实验，即吸引妇女们参与这项本该是男人们从事的运动，此项实验获得了成功。最初的比赛都是在讲道馆内举行的。姑娘中间也出现了柔道天才。自1925年起的三年间，最优秀的是内堀宇多。1925年考入讲道馆的乘富雅子成为后来那本多次再版的畅销书《女子柔道》的作者。嘉纳治五郎的女儿们都没有辜负父亲名字所包含的荣誉：大女儿渡边纪子后来成为讲道馆柔道部长，小女儿高崎敦子终生都奉献给了父亲的事业。嘉纳的一个女学生宫川久子创建了自己的学校，即樱花学校。所有姑娘都是高段的拥有者。1926年，在讲道馆内正式开设了女子柔道部。嘉纳总是积极号召妇女来从事柔道项目，并且经常重复一句话：“如果你们想要真正理解柔道的话，就去观摩女子柔道的训练情况。”但是很长一段时间，在日本，这个保守的国度，国家没有正式设立女子柔道冠军比赛。

在嘉纳去世后，儿子嘉纳履正继续着将女子柔道普及的事业。1946年成为讲道馆的校长后（在此之前，讲道馆的校长由南乡次郎担任），嘉纳履正对巩固柔道的国际地位作出了极为重要的贡献。日本在二战中投降后，美军占领，日本的局势变得非常复杂，他不得不有所作为。轰炸把大量体育场馆夷为平地。从1945年11月起，美国占领军队司令部下令禁止在正式机构从事柔道训练，其中也包括在学校内。当局没有根据的担心是，在出现国民风潮的情况下，这项搏击会给政府造成大量不愉快的事情，这是禁令产生的原因。作为应对，要想办法逐步取消禁令。日本教练分头对美国驻军部队的军人展开工作，来证明自己对政权当局效忠。于是，开始了循环赛，而1948年成为转折的一年，这一年成立了全日柔道联合会，并且举行了战后首届国家锦标赛。1951年，在全日柔道联合会下成立了中等学校体育分部和全日大学生柔道联合会。

柔道向各地扩展，其结果是于1956年举行了世界锦标赛，自然，是在柔道的发祥地举行的。第二届世界锦标赛是在两年之后，同样也是在日本举行的。比赛时选手不分重量级别。最棒的选手来自东道主，是夏井昭二和曾根浩二。三年以后，1961年在法国巴黎举行了第三届世界锦标赛，引起了轰动，荷兰选手安东・格辛克获得了金牌，他在决赛中战胜了曾根。柔道发祥地选手的首次受挫，使日本人不得不按体重进行分级。在1965年的世界锦标赛上分为4个重量级，而以后的各届则分为5个重量级：63公斤、70公斤、80公斤、93公斤以下和93公斤以上级别。后来，无论是男子，还是女子，柔道的重量级别均增加到7个，分别是男子组：60公斤、65公斤、71公斤、78公斤、86公斤、95公斤和95公斤以上级别，而女子组的级别划分是：48公斤、52公斤、56公斤、61公斤、66公斤、72公斤和72公斤以上级别。

现在，比赛按重量等级来举行，分别是男子组：60公斤、66公斤、73公斤、81公斤、90公斤、100公斤和100公斤以上级别，而女子组的级别划分是：48公斤、52公斤、57公斤、63公斤、70公斤、78公斤和78公斤以上级别。除此以外，还有任何级别的运动员都可以参加的无差别级循环赛。

柔道首次出现在奥林匹克运动会赛场是1964年，那年，日本举办第18届夏季奥运会，而最终确立柔道作为奥运会的正式比赛项日则是在1972年的德国慕尼黑奥运会上。

1889年9月13日，嘉纳治五郎本人开始将柔道向西方推广，因为当天他启程赴欧洲，以便了解那里现有的体能培训系统，并且同时分享自己对柔道的想法。

在此之前，柔道仅在其发祥地根深蒂固。柔道已经走进寻常日本人的日常生活，并且成为日本中小学教学大纲中的必修课。军事学校积极训练，也开设了许多讲道馆分校。柔术终于让位给这个搏击系统的新生儿。但是反对之声还是不绝于耳，只不过这只是原则性争论而已。在欧洲，人们对于英式拳击和希腊罗马式摔跤项目尤其热衷，这些体育项目已经演变成杂技艺术。在欧洲，还有法式拳击。欧洲与柔术的结识全靠那些离开日本去境外挣口饭吃的外来教练们，但欧洲人还顾不上去关心这样一种名不见经传的“体育消遣”。最初，嘉纳与自己的弟子们遇到的是来自观众的冷漠，但是，他们在面对几十位官员而举行的表演引起了观众的极大兴趣，这些观众中的许多人后来成为柔道的积极宣传员。

1890年，嘉纳治五郎访问了里昂、巴黎、布鲁塞尔、维也纳、柏林、哥本哈根、斯德哥尔摩、阿姆斯特丹、海牙、鹿特丹和伦敦。

嘉纳治五郎的欧洲之行可算得上是收获颇丰，接着开始交换教师和运动员，开始在境外设立讲道馆的分校，在欧洲大陆各国设立柔道学校，随后又将柔道学校开到了美国。

第二次世界大战结束后，柔道已经在120个多个国家普及开来。

最先积极推广柔道的国家是法国，嘉纳除了日本之外首先展示自己柔道技术是在法国。这种遥远的影响力时至今日仍然可以感觉到。法国柔道运动员在数量和技术方面在欧洲名列前茅。法国代表队是世界上实力最强的几支队伍之一。

历史会牢记盖伊·蒙格利尔的名字，正是他于1904年在巴黎设立了柔道训练馆。而第一位来讲道馆上学的法国人是勒·普里厄，此人后来在本国的柔道学校也担任了校长职务。五段拥有者石黑蕙辰于1924年来到法国首都以后，立刻开设了好几所柔道学校，并且到几个邻国为观众表演。半野喜弘教授向法国和瑞士居民讲授柔道技术。1903年，嘉纳治五郎将自己最棒的弟子之一派往美国，在那里开设了一所柔道学校，这所学校受到极大欢迎，以至于西奥多·罗斯福总统本人也对此极感兴趣，经常去上柔道课。在讲道馆档案中，至今仍旧保存着美国总统与嘉纳治五郎当年互相通信时所写的亲笔信。

20世纪初，在英国，由一位非常有经验的四段拥有者小野秋太郎进行传授。但是在展示柔道的过程中，他不得不把它当作柔术来教授，因为此种武士道的遗风紧紧地占据着这块远离其祖国的阵地。基于相同的原因，欧洲第一本柔道教科书面世时，其作者埃尔文·贡科克和初熊不得不将其称为《柔术完全指南（嘉纳方法）》。

1933年发生了许多事件，而这些事件推动了柔道的进一步普及。在费尔丹克莱先生新开设的俱乐部中，他邀请了川石大师来加入。川石大师不仅是摔跤技术的行家里手，而且是位细腻的心理学家，他感到欧洲人渴望进行不断的竞争，追求各种封号、奖章以及其他一些用于强调人与人之间各不相同的标志物，所以他认为也应该对柔道练习者的训练水平进行划分。川石教授根据复杂程度将柔道动作划分成不同的组别，并且引入检查体系，而根据这种体系，柔道运动员在通过技术展示考试后，就会获得穿上一定颜色腰带的权利。

在群众的观念里还存在着谬误，认为梦寐已求的黑腰带是最有威望的。实际上，最高的水平（严格意义上讲就是“称号”）为红腰带。尽管嘉纳治五郎本人在生命的最后岁月中又重新戴上了白腰带，借此来强调他所创造的武力技艺秘密的深度和无限性。时至今日，在欧洲，适用下列颜色分级来确定柔道运动员的技术水平，你只要看到柔道运动员身上的腰带，就可确定他的技艺水平。首先是分为6个级别的学生分级：6级为白腰带，5级为黄腰带，4级为橙腰带，3级为绿腰带，2级为蓝腰带，1级为棕腰带。此后是10个级别的大师级别，即“段”，前五个级别的人戴黑腰带，他们中的级别通过腰带一角上的横向白色镶边的数量加以区别。6—8段系红白色腰带，9—10段系红色腰带。

随着时间的流逝，与辉煌成绩一起出现的还有大量的问题，这些问题与柔道运动员培训的管理和组织相关。无论是在日本，还是在国外，柔道运动员的数量与日俱增。从1909年起，嘉纳治五郎不得不对考入讲道馆及其分校的学生收取入学费用，并且对那些想要完善自己技能水平的人员收取考试费用。

由于嘉纳在体能培养问题上视野开阔，所以他并不局限于一种运动项目，尽管这个项目是他的最爱。他还有其他功劳，他创立了日本田径联合会，后来该联合会成为国际田联的会员。1911年成立的日本体育运动爱好者协会也与嘉纳的努力密不可分。这位众多运动项目的大力宣传者所拥有的威望使他于1912年成为日本国家奥林匹克委员会主席，并且成为日本首位国际奥委会的代表。

1922年嘉纳成功地实现了自己的夙愿，即以柔道原理为基础组织了讲道馆文化协会。10年之后，嘉纳治五郎被正式任命为体育文化部长。在此之前，柔道学校的在校学生将近12万人，其中一多半的学员系有黑腰带。

1938年在开罗召开了奥林匹克运动会筹备大会。嘉纳功不可没，因为即将举行的下届奥运会应该在日出之国举办，并且柔道项目已经被列入到奥运会的正式比赛项目中。当时有一种议论，说是嘉纳本人并不愿意这样做。但这种看法并不可信，只要认真分析一下就会明白，这位教授不可能不知道，他的孩子——柔道得到奥林匹克认可之后会给世界带来多么大的好处。

在乘坐“冰川丸”号邮轮返回自己的祖国后，嘉纳身患重症肺炎，1938年5月4日，这位大师与世长辞。

在自己生命的最后几天，嘉纳仍旧在讲授柔道，每天去讲道馆不同分校的道场。事实是，他不仅是个理论家，而且是个非常棒的实践者，无数事实证明了这一点。

非常遗憾的是，柔道创始人没有等到他的孩子真正变成群众性运动项目的那一天。如今这项体育项目在全世界广泛普及，家喻户晓，妇孺皆知。数以百万的不同年龄层次的人都在从事柔道项目。看上去，创始人的夙愿是得以实现了。但是嘉纳治五郎很少将自己的系统作为一种体育项目来进行考虑，尽管他知道年轻人对比赛的钟情，将会引起人们想方设法衡量自己的力量并展示自己最佳的一面。暮年时，在观看过一场比赛后，嘉纳治五郎极度失望，他把参赛队员叫到一起训斥他们：“你们在鏖战时都像头小公牛一样，使用头上的角在互相撞击。今天我从你们的动作里没有看出哪个动作经过推敲，也没看出来美观。我从来没有向任何人教授过此种柔道。如果你们所有人想到的仅仅是用蛮劲战胜对手，那么我们柔道讲道馆也就走到头了。”

今天柔道的运动含义占了上风，并且几乎可以说得上是唯一的含义了。我们今天所理解的“柔道”这个名词所包含的意义，早已经远离了当初其创始人所想象和建立时的初衷了。嘉纳治五郎的理论研究和哲学思维都已经不合时宜。我们见到的仅仅是冰山的顶峰，而且只是顶峰，并且其随着时间的推移，该顶峰已经改变了自己的外形轮廓，拥有了全新的外廓，与最初的形式已经完全不相同了。嘉纳将柔道技术视作在达到道德理想道路上自我完善的手段。呜呼，如今评判的结果就是臭名昭著的进球、得分和计秒，这些东西给我们本国的体育运动带来许多灾难，甚至在柔道的故乡日本，世界榻榻米上的威望问题，已经将今天这位伟大启蒙家所遵循的那些思想排挤到次要地位了。

每逢重大赛事后，国际柔道联合会都会发行录像带，上面记录有开幕式盛况、队员颁奖仪式，以及最有趣的搏击瞬间。一些镜头拍摄于1989年世界锦标赛，记录了日本代表古贺站上了领奖台的最高一级。他在通往金牌的路上展示了最高技艺的同时，也让人感到折服的是，在决赛结束后，这位世界冠军哭了，用和服的袖子擦去如泉涌的泪水。他旁边是一位瘦弱的、执行裁判任务的姑娘，这是一个人的正常反应，因为他把所有的力量，包括体力和道德力量，都奉献给搏击。这是一个普通人的情感，对于其他运动项目来讲，也是自然而又习以为常的，但对于嘉纳治五郎构想中的柔道来讲，又不完全适宜。

作为武士道传统的后继者，嘉纳博士在自己的理论研究中，已经远离了18世纪禅宗创始人泽庵的思想，这种思想在起倒流派奠基者所提交的两份秘密论文中得到阐述。泽庵坚信，将坚定的精神和集中的意志与自然自由的运动相结合，便可达成胜利。内心的“空”、漫不经心的意识、分散的注意力、内心一片寂静、极强的自制力，这都是素质，它们可保证对决艺术的信徒获得胜利。正如我们所看到的那样，情感将无立锥之地。

现在我们还有什么？柔道技术？是的，毫无疑问。但是，嘉纳治五郎所理解的柔道精神已经不复存在。这是不好还是好呢？对于这一问题，没有唯一的答案。世界在变，人们在变，而柔道也在变。

讲道馆文化协会的座右铭是“最富有成效地使用力量”和“相互的幸福安康”，嘉纳治五郎将它们视为包罗万象，并且计划将它们运用在经济、政治，以及社会关系领域中。

嘉纳治五郎编写了自己的哲学著作，即《贵地》（团结贮藏地）。通过柔道训练来使每一个人强身健体增强精神，应该会促进全社会的繁荣。嘉纳以下面的方式来解释“相互的幸福安康”：

“如果从全球团结和事物联系的角度来看待问题，那么目标和相互的幸福安康，都应该属于手段，也就是属于最富有成效的使用力量。尽管在此似乎是两个概念，但实质上，它们都在体现着同一个学说，即包罗万象的团结，在这种团结中，最富有成效地使用力量适用于人类活动的所有领域，别无他说。”

在此方面，嘉纳表现得像一位古老东方传统的哲学—宗教学说的教授，并且这一学说与对决艺术的实践紧密相关。现在，这一原则只是宣称，似乎存在此种比赛活动之外的某种东西，而现代柔道正是体现着这种比赛活动的。

讲道馆现在位于歌舞伎町的小菅大街上，实际上是座 7 层的楼房，拥有世界上最大的道场（面积为 1000 平方米），带有 5 个中型和小型训练厅，可同时容纳数百人在此训练，还设立自己的科学研究院，研究许多套男子和女子柔道的动作和自卫术。

在奥林匹克的地位，将这种最初是作为决斗项目的实用性排挤到次要地位。鲜有人知晓的是，如今在比利时、德国、荷兰、法国等国的执法部门，保安人员必须学习柔道、传统柔道技法。如果不是专家的话，是难以分清其与柔术的区别。柔道的分支独立存在，与讲道馆里柔道的区别非常大。但是尽管如此，这是一种极富攻击性的系统，包括使用古典兵器，在实战条件下非常有效，这样不得不令人想到作为柔术改革家的嘉纳治五郎所提出美好设想的影响。对于手指关节、眼睛、嘴、鼻子的攻击不被允许。绞技动作只能借助于比赛服来实施。

奥地利防身术联盟推行着独特的柔道体系。这套体系实际上是一种双人游戏，这种游戏是在有韵律的大鼓的鼓点下，或者是在鼓和风笛的录音声中来完成。事先约定好的伙伴们的动作，都使这种场面转化成舞蹈艺术作品了。当然，此类体育项目的实用性已经不重要了，游戏者在长时间做此游戏后（有时时间长达三个小时，已经到了筋疲力尽、只是条件反射地完成动作的地步），这会给游戏者带来极大的心理放松，具有抗紧张、减轻压力和消除疲劳功效。

柔道将不同民族、不同爱好、不同信仰的人们团结在一起。柔道的多样性使每个人都在此找到他所要的东西。关于柔道还有无数的话题能够写，为其画上句号还为时尚早，因为这个题目永远会无穷尽，柔道的百年史吸引着越来越多的新柔道迷们。

俄罗斯柔道历史

1961 年，国际奥林匹克委员会批准了第 18 届东京奥林匹克运动会的比赛项目，被列入奥运比赛项目的还有柔道。

因此，苏联做出了桑搏式摔跤队准备参加在日本首都所举办循环赛的决定。

1962 年 10 月 18 日，苏联桑搏式摔跤联合会主席团确定了参加柔道比赛的代表团成员。其中包括 V. 纳塔连科、O. 斯捷潘诺夫、T. 阿拉布里、A. 鲍戈柳博夫、R. 贾伽玛泽、S. 斯捷潘诺夫（68 公斤级），A. 邦达连科、V. 潘克拉托夫、I. 茨普尔斯基、A. 卡拉修克、G. 诺尼卡什维利、V. 赫伊辛（80 公斤级），A. 吉克纳泽、A. 吉布罗采什维利、D. 别鲁阿什维利、A. 卢卡舍维奇、B. 沙波什尼科夫、K. 罗曼诺夫斯基、P. 奇科维拉泽、V. 乌西克、G. 舒利茨和 B. 米申科（80 公斤以上级）。指定 V. M. 安德烈耶夫和 V. F. 马斯洛夫为代表队教练。

1962 年在联邦德国埃森举办的欧洲锦标赛上，安佐尔・吉克纳泽夺得了首块柔道金牌（无差别级）。

站在欧洲冠军最高领奖台上的有阿龙・鲍戈柳博夫、阿纳托利・邦达连科、奥列格・斯捷潘诺夫、安佐尔・吉布罗采什维利、谢尔盖・苏斯林、弗拉基米尔・波卡塔耶夫、彼鲁兹・马尔特科普里什维利、罗因・马加拉泽、弗拉基米尔・萨乌宁、达维德・鲁德曼、维达利・库兹涅佐夫、谢尔盖・梅利尼钦科、谢尔盖・诺维科夫、吉维・奥纳什维利、弗拉基米尔・涅夫佐罗夫、吉比洛・尼贾拉泽、瓦列里・德沃伊尼科夫、捷穆尔・胡布卢里、阿维利・卡扎钦科夫、叶夫根尼・波戈列洛夫、阿列克谢・沃洛索夫、亚历山大・亚茨盖维奇、尼古拉・索洛杜辛、阿列克谢・秋林、达维德・鲍达维利、格利戈里・维里乔夫、哈兹列特・特列采里、维达利・佩斯尼亚克、瓦列利・吉维先科、哈比利・比克塔舍夫、塔马兹・纳姆加拉乌里、尤里・索科洛夫、伊格尔・别列兹尼茨基、巴什尔・瓦拉耶夫、科巴・库尔坦尼泽、阿米兰・托吉卡什维利、谢尔盖・克索罗托夫、纳吉姆・古谢伊诺夫、谢尔盖・科斯梅宁、塔梅尔兰・特梅诺夫和尤里・斯捷普金。

苏联柔道运动员在日本东京奥运会上的表演获得成功。在柔道的发祥地，阿龙・鲍戈柳博夫、奥列格・斯捷潘诺夫、安佐尔・吉克纳泽和帕尔瑙斯・奇克维拉泽荣获了铜牌，为向奥运会的顶峰迈出了第一步。

我们的骄傲

奥运会柔道冠军

1972 年 8 月 26 日—9 月 11 日，在联邦德国慕尼黑举办的第 20 届奥运会

肖塔·乔奇什维利（93 公斤级）
教练员：G. M. 帕皮塔什维利
国家队主教练：V. M. 安德烈耶夫

1976 年 7 月 17 日—8 月 1 日，在加拿大蒙特利尔举办的第 21 届奥运会
弗拉基米尔·涅夫佐罗夫（70 公斤级）
教练员：Y. A. K. 科布廖夫
谢尔盖·诺维科夫（93 公斤级）
教练员：Y. A. I. 瓦洛休克
国家队主教练：V. M. 安德烈耶夫

1980 年 7 月 19 日—8 月 3 日，在莫斯科举办的第 22 届奥运会
尼古拉·索洛杜辛（65 公斤级）
教练员：M. G. 斯克雷波夫
肖塔·哈巴列里（78 公斤级）
教练员：O. M. 纳杰拉什维利
国家队主教练：B. P. 米先科

1992 年 7 月 27 日—8 月 2 日，在西班牙巴塞罗那举办的第 25 届奥运会
纳吉姆·古谢伊诺夫（独联体）（60 公斤级）
教练员：A. 阿洪扎德
达维德·哈哈列伊什维利（独联体）（95 公斤以上级）
教练员：A. V. 梅拉比什维利
国家队主教练：V. N. 卡普林

世界冠军

1975 年 10 月 23—25 日，奥地利维也纳
弗拉基米尔·涅夫佐罗夫（70 公斤级）
教练员：Y. A. K. 克布廖夫
国家队主教练：V. M. 安德烈耶夫

1979 年 12 月 7—9 日，法国巴黎
弗拉基米尔·索洛杜辛（65 公斤级）
教练员：M. G. 斯克雷波夫
坚吉兹·胡布卢里（95 公斤级）
教练员：G. M. 帕皮塔什维利和 A. G. 吉布罗采什维利
国家队主教练：B. P. 米先科

1981 年 9 月 3—6 日，荷兰马斯特里赫特
坚吉兹·胡布卢里（95 公斤级）
教练员：V. I. 什哈拉霍夫
尼古拉·索洛杜辛（65 公斤级）
教练员：G. M. 帕皮塔什维利和 A. G. 吉布罗采什维利
国家队主教练：G. I. 卡列特金

1983 年 10 月 13—16 日，苏联莫斯科
哈兹列特·特列采里（60 公斤级）
教练员：V. I. 什哈拉霍夫
尼古拉·索洛杜辛（65 公斤级）
教练员：M. G. 斯克雷波夫
国家队主教练：G. I. 卡列特金

1985 年 9 月 26—29 日，韩国汉城
尤里·索科洛夫（65 公斤级）
教练员：Y. A. M. 盖罗特
国家队主教练：G. I. 卡列特金

1987 年 11 月 19—23 日，联邦德国埃森
格利戈里·维里乔夫（95 公斤以上级）
教练员：K. H. M. 尤苏波夫
国家队主教练：G. I. 卡列特金

1989 年 10 月 10—15 日，南斯拉夫贝尔格莱德
阿米兰·托吉卡什维利（60 公斤级）
教练员：Z. I. 卡哈拉什维利和 SH. D. 哈巴列利
科巴·库尔塔尼泽（95 公斤级）
教练员：A. G. 吉布罗采什维利和 B. S. 戈吉恰什维利
国家队主教练：V. N. 卡普林

1991 年 7 月 25—28 日，西班牙巴塞罗那
谢尔盖·科索罗托夫（95 公斤以上级）
教练员：V. V. 阿尔希波夫和 YA. M. 盖罗特
国家队主教练：V. N. 卡普林

1995 年 9 月 28 日—10 月 1 日，日本千叶市
尼古拉·奥荣金（俄罗斯）（60 公斤级）
教练员：A. G. 古谢夫和 S. A. 卡班诺夫
国家队主教练：V. N. 卡普林

女队的成就稍显逊色，但要指出的是，只是从 1984 年开始，女子柔道才在我国开始起步。

令人感到非常欣慰的是，最初几次在国际级别赛事上获胜的都是来自涅瓦河畔那座光荣城市（圣彼得堡）的女子代表。

首创先河的是叶琳娜·古辛娜，她在 1989 年赫尔辛基举办的欧洲锦标赛上获得了无差别级的铜牌。

教练员：V. V. 安东诺夫

国家队主教练：V. V. 库兹涅佐夫

第二块正式奖牌是块银牌，是由叶琳娜·彼得洛娃在卢布尔雅那夺得（61 公斤级）。

教练员：A. S. 科尔涅耶夫

国家队主教练：V. V. 库兹涅佐夫

国家队所获得的第三块奖牌，是由叶琳娜·别索娃所获得的银牌（1990 年在美因河畔法兰克福举行的欧洲锦标赛上获得，72 公斤级）。

教练员：A. S. 科尔涅耶夫

国家队主教练：V. V. 库兹涅佐夫

1992 年 5 月 9 日是欧洲胜利日，就在此日，在巴黎举办的欧洲锦标赛上，苏联女子柔道运动员斯韦特兰娜·贡达连柯（72 公斤级）首次登上了最高领奖台。

教练员：B. V. 舒金

国家队主教练：E. A. 秋林

最后，现在唯一的一块奥运会奖牌是一枚铜牌（1992 年巴塞罗那奥运会），获得者为叶琳娜·彼得洛娃（61 公斤级）。

教练员：A. S. 科尔涅耶夫

国家队主教练：E. A. 秋林

20 世纪末，俄罗斯奥林匹克委员会根据为国家带来荣誉的贡献和成就，在每项体育项目都确立最佳教练员和最佳运动员。

20 世纪俄罗斯最佳柔道运动员授予尼古拉·索洛杜辛，他是苏联功勋体育健将，奥运冠军，两次获得世界锦标赛冠军、欧洲冠军、五次获得苏联冠军、苏联人民斯巴达克运动会的获胜者。

20 世纪俄罗斯最佳柔道教练员授予雅库布·科布廖夫，他是苏联功勋教练员，教育科学博士，他所带出的弟子多次荣获欧洲锦标赛、世界锦标赛以及奥运会比赛冠军。

搏击在哪里举行

柔道运动员都在榻榻米上进行竞赛性对决（搏斗）。按照现代人的理解，榻榻米就是由矩形（或者是正方形）垫子所构成的一块方形场地，而垫子是由聚合塑料材料制成。最初，柔道运动员训练和比赛场地在草席上进行，而草席的硬度对抗摔倒能力提出了特殊要求。

榻榻米为柔道运动员对决的场地

榻榻米的尺寸有着严格的规定。比赛区域的最小尺寸为 8 ×8 米，最大尺寸为 10 ×10 米。比赛区域由绿底色的垫子组成，并且该垫子由红色垫子限制范围。同时，比赛区域由绿底色的一层席子围成，这层的宽度应为 3 米。这样做的目的是为了保障安全，因此，比赛区域周围的榻榻米区域被称作安全区。

在开始对决之前，柔道运动员应该进入榻榻米的中央，每个人站在自己确定的位置。第一个被叫到名字的参赛选手穿蓝色和服，走近蓝色带。第二名选手着白色和服，应走近白色区域。带宽近 10 厘米，长 50 厘米（也可能是黏性的彩色带），位于工作区的中央位置，它们之间的距离为 4 米。蓝色带位于裁判席右侧。

柔道运动员的服装

日本称柔道运动员的比赛服为柔道服，包括外衣（和服）、长裤（柔道袍）和腰带（饰带）。

与桑搏式摔跤比赛服有所不同的是，和服的袖子不是另外缝上的，而是肩袖连贯裁剪式，此外柔道的和服上没有腰带的系孔。柔道腰带要系到和服的外面。这说明一个事实，就是和服的制造材料应该为棉制或者类似材料，此种材料应该有足够的弹性，因为实行摔跤的动作技术与桑搏式摔跤的技术动作有区别。

区别在于：如果我们去抓桑搏式摔跤运动员的比赛服，并且尽量使其拉向自己的话，由于衣料非常硬，紧紧地裹在身上，此种材料几乎不能拉伸，于是我们就会将衣服的主人拉近自己。如果我们也完成相同的运动任务，与穿着和服的同样的人交手的话，会是另外一种情形。

宽大和服所形成的结果是，我们先是会使和服拉长（和服由可以拉伸的材料制成），而只有当结束这个“自由行程”动作后，我们才开始拉动和服的主人。这样就对柔道的抓握技术提出了特殊的要求。

根据国际柔道联合会竞赛规则第三章的规定，和服的长度应为盖住大腿，并且长至手臂，向下垂至躯干，和服的左前襟应该盖住右前襟，并且要足够宽大，以便能够盖住胸廓的最低处至少20厘米。袖子应该最长至手腕、最短至手腕之上5厘米处所在的点。沿袖子的全长，在手臂和和服之间应有10—15厘米的空间。

竞赛规则只允许采用两种颜色的和服，即蓝色和白色。这样做的目的是让观众和裁判能够轻松地分辨出比赛的各方。以前，竞赛规则规定在正式比赛时，在榻榻米上只能穿着白色和服，第一个被叫到名字的参赛者需要另外佩戴红色袖标，而其对手则佩戴白色袖标。

如今，与大多数运动项目一样，柔道实际上已经成为运动服、装备、器材、标识和广告的市场。生产厂家、广告和赞助公司、国家联合会都尽量表现自己对某个队或者某个队员的喜好。这样，就必须限制和服的商标。在和服上允许有如下商标：

背部上可以有本国的奥林匹克缩写字母，如RUS，FRA，USA（俄罗斯、法国、美国）等。在左侧胸前有国徽标志，其尺寸不能超过100平方厘米。在和服的下侧靠前和左裤腿靠下前方的位置上有生产厂商的标志，尺寸不得大于25平方厘米。在肩部的商标（从领子经过肩部沿和服两侧袖子向下）长度不超过25厘米，宽度不超过5厘米。在和服左前襟的外侧有在奥林匹克运动会或者世界锦标赛上所获名次的标记（分为1、2、3，尺寸为6×10厘米）。运动员的名字可以写在腰带上、和服左前襟的外侧、裤腿的前部（尺寸不超过3×10厘米），运动员的名字也可以写在奥运会的国名字母缩写的上面（打印或者绣上均可，字母尺寸最高为7厘米，长度不得超过30厘米）。

在正式比赛中，对于是否遵守国际柔道联合会竞赛规则第三章“柔道服装”，有着严格的监督。在裁判组成员中，规定有专门的参赛者裁判，他们的职责是对将走上榻榻米的运动员服装进行检查。除了上述要求外，仍需指出的是，裤子的长度应该盖住脚部，最长到踝关节、最短到踝关节以上5厘米的该点位置。在腿和整条裤子之间应该有10—15厘米的空隙。结实的腰带宽4—5厘米，其颜色应与参赛队员的级别相对应，应该在腰线上方系个结实的结，能够结实地固定和服，不让和服从腰带下面自由滑出。腰带长度应该为在围着腰系两圈并打结后，两头要剩余20—30厘米。

柔道运动员应该在和服里面穿长足球衫，带有白色或者接近白色的短袖，足球衫应该扎进裤子里，穿着白色或者接近白色的针织内衣。

礼　　仪

柔道从相互鞠躬开始，也以鞠躬结束。

对于对手和裁判的尊重，是任何单独搏斗时所必须恪守的要求。在柔道中对此的要求更高。这是表达对此种单独搏斗运动形式起源国家的敬意。

如何正确完成鞠躬动作

存在着三次鞠躬规则。第一次鞠躬时，柔道运动员应该在走上榻榻米之前完成（即踏上安全区域），然后（在裁判员邀请后），再次鞠躬，接着穿过比赛场地的红色区域，最后在穿越彩条并进入榻榻米中央部分后进行第三次鞠躬。当裁判下达口令“开始”（Hajime）后，在搏斗开始之前，裁判应该确认柔道运动员位于规则所规定的榻榻米中心区域所确定的位置上。当彩条位于柔道运动员身后时，这便是他们的正确位置。

在搏斗结束和宣布其结果后，此时的仪式以相反的顺序进行。鞠躬、向后退一步。从红色区域退出后进行第二次鞠躬。从榻榻米下退出后完成第三次鞠躬。

专业准备练习

专业准备练习包括各种动作要素或者按照形态和特点而表现出的接近这些运动的身体素质要素。

专业准备练习的主要任务在于保障对训练者机体不同系统进行有选择的作用。

根据优先方向，它们被划分为引导练习、拓展练习和配合练习。

引导练习首先是要完善在掌握不同动作时的协调性。

这里包括：在摔倒时的自我保护练习、在施行技术动作时保护和帮助对手、技巧练习、与对手及人体模型的练习、模拟练习。

拓展练习首先是要拓展和完善柔道专业的体能。

这些练习分为：自身力量练习、速度力量练习；优先发展力量和速度力量耐力的练习；灵活性；需氧练习（持续时间超过 5—8 分钟，完成时的心率为 130—150 次/分钟）；需氧—缺氧练习（持续时间为 2—5 分钟，完成时的心率为 150—180 次/分钟）；缺氧乳酸盐练习（持续时间为 30—120 秒钟，极限心率超过 180 次/分钟）和最大缺氧乳酸盐练习（最大强度时的持续时间达 30 秒钟）。

配合练习需要同时解决两个任务：1. 完善技术战术技艺；2. 提高机体的功能。

配合练习通常使用不同的技术战术动作或者搏斗（练习性或者教学训练性），在专门选定的状态下多次重复，该种状态能够保证发展所需的素质或者动能保障机体。

根据作用的不同，配合的专业准备练习分为：提高完成个别技术战术动作能力的练习、全套练习、不同持续时间和强度的游戏、完善不同动能保障机体的搏斗。

引导练习

在摔倒时的防护和自我保护练习

无论是在柔道训练时，还是日常或实际武力情况下预防损伤，选手的自我保护和防护都起着极为重要的作用。在从事柔道训练的最初阶段进行自我保护的练习尤其重要，因为如果没有掌握好摔倒技巧的话，就不能进入下一步学习那些如抛扔等基础类技术动作。

在学习防护和自我保护练习时，最重要的是要使练习者学会在练习时尊重对手。

摔倒的本领（此时不能出现挫伤、骨折、震荡以及其他损伤），要通过多次完成以一定顺序研究出且在每种练习时使用的练习方法来掌握。

与同伴进行练习

1. 俯卧屈臂和伸直双臂。同伴从背侧一处站立，抓住双腿。躯体应该保持竖直，腰部轻轻下垂。同伴抓住练习人员的双腿，轻轻地下垂腰部，尽量不要向前躬身。

2. 躺卧移动，双臂伸直。

3. 躺卧移动，双臂弯曲。

4. 躺卧跳跃式移动。

5. 四肢着地仰卧，与同伴一起共同移动。

6. 背部支撑地毯的手臂屈伸。

7. 背部支撑地毯的移动。

8. 躺卧，手臂屈伸，同伴坐在后背上。

9. 手臂屈伸，躺卧在仰卧同伴的伸直的双臂上。

10. 仰卧，手臂屈伸，双臂支撑于同伴的后背上。

11. 一名同伴坐立，背部朝向站立者，将两臂向上伸直，用手掌支撑上面同伴的手掌。轮流或者同时屈伸两臂。

12. 站立屈伸两臂，同伴抓住双腿。

13. 彼此进行支撑来轮流屈伸。

14. 同伴们面对面站立，用伸出双臂的手掌进行支撑。在不弯曲双臂的情况下，尽可能远离对方。相互之间向前倾斜，直到胸部相互接触。

柔道运动员的协调能力

基本协调能力包括：

区分时间、空间和力量参数的能力；

在空间内的定向能力；

变换动作的能力；

适应情况变化以及对特殊任务安排的能力；

预测情况变化进程的能力；

保持和维持平衡的能力。

在柔道中，平衡功能的意义是难以估量的。因此，在柔道运动员培训时，发展和完善这项重要体育能力的练习应受到极大的关注。

平衡发展的手段

由于人身体平衡的保持要取决于许多分析器的功能，包括前庭、运动、视觉和触觉等分析器，那么平衡发展手段系统就应该规定最佳地完善可保证身体平衡的所有分析系统。

保证平衡功能有针对性发展的手段系统，该系统由部分改变结构的全面发展体操练习及其运用方法、比赛和接力、辅助运动项目、专业准备练习和主要技术动作等组成。

全面发展的体操练习

该组练习包括有部分改变结构的全面发展体操练习及其运用方法。在训练中应合理地利用这些方法，以便解决总的体力训练任务，它们可以多方面地促进发展前庭分析器的功能，进而提高平衡水平。

下面列举了一组全面发展练习，包括运动中和原地练习。对它们的最合理运用是在练习的准备阶段。完成每种练习的数量应根据练习者的训练水平来选定：可以从15—20秒到30—40秒之间波动。运动中完成练习，要与突然停止和保持平衡结合在一起，此时单脚或者双脚站立，把脚掌并拢，眼睛或张或闭。

1. 在行走中头尽量向前、向后、向右、向左倾斜。每走一步头要完成两个动作。

2. 行走中头部转圈摇动。速度为每秒钟摇动两次。

3. 行走时，每走一步都转向朝前迈出那只脚的方向转动，目光固定地看走在后面的同伴。

4. 向左、向右360°转向。

5. 两腿跳跃并转向360°。

6. 单腿跳跃并转向360°。

7. 下蹲跳跃并转向360°。

8. 起始状态：双脚分开，双手掐腰。轮流倾斜：1—2拍为前后倾斜，3—4拍为左右倾斜。速度为每秒钟完成两个动作。在重复上述动作几个回合后，建议闭目完成该练习。

9. 起始状态：立正，双脚分开，双手向前；1—2拍为挥动右腿靠近左臂；3—4拍为挥动左腿完成相同的动作。转向360°。在挥动动作完成后，脚严格回到初始位置。

10. 起始状态：立正，双脚分开，双手掐腰。1—4拍躯体向右绕圈动作；5—8拍完成同样的动作向左。速度为每秒钟一个动作。

11. 起始状态：基本立正姿势，双手掐腰。1拍下蹲到底，头向前倾；2拍头向后倾；3拍为下蹲到底，转向360°；4拍为基本立正姿势。

12. 起始状态：立正，双脚分开。向前倾，两臂向上举。1—4拍躯体沿8字向左转圈运动；5—8拍做相同的动作向右。速度：每秒钟完成一个动作。

13. 起始状态：立正，双脚分开，双臂抱头。1拍为躯体向右转，左腿下蹲；2拍为起始状态；3拍为躯体向左转，右腿下蹲；4拍为起始状态。速度：每秒钟完成一个动作。

14. 起始状态：双手掐腰。1—4拍，在向前倾的动作下完成4次360°转向。速度为每秒钟转动一次。在完成任务后，应保持稳定的平衡，双腿一起站立（或者单腿站立），也可以闭目完成。

15. 起始状态：双手掐腰。1—4拍，头向前倾并完成4次360°转向；5—8拍头向后倾完成4次360°转向。任务同第14条。

16. 起始状态：基本立正姿势。1拍完成圆周跳并且下蹲；2拍圆周跳并返回初始状态；3—4拍方向相反，动作相同。

17. 起始状态：基本立正姿势。1拍原地起跳，双臂紧贴双肩；2拍为跳跃并向右转向360°，双手向上；3拍为原地起跳，双臂紧贴双肩；4拍为跳跃并向左转向360°，双手向下。

18. 起始状态：双脚分开。1拍为右脚和双手伸向同一方向；2拍为双手放下，右腿交叉向左腿方向迈一步，迈到左腿前方，转一圈；3—4拍重复上述动作，方向相反。

19. 起始状态：向前倾，双手放在膝盖上。1—4 拍为向前迈步并转向 360°。每个方向上闭目各完成5 次练习，在动作停止后睁双目，采用基本立正姿势，保持平衡 3—5 秒钟。

20. 起始状态：基本立正姿势。完成 5 次跳跃并转向 360°，其中 2 次前空翻，转一圈并向前迈出一步返回起始状态。全套练习闭目完成。

21. 起始状态：身体前倾，双臂放到膝盖上。完成 5 次跳跃并转向 360°，10 次闭目单腿连跳——基本立正姿势，张开眼睛。保持平衡 3—5 秒钟。

22. 起始状态：两脚分开。躯干完成 5 次转身，5 次深蹲后向上跳跃——基本立正姿势。保持平衡 3—5 秒钟。

23. 起始状态：基本立正姿势。右腿向后，两臂向前，左腿保持平衡。右腿完成相同的动作。保持平衡 10—15 秒钟。

24. 起始状态：基本立正姿势。双脚分开，脚尖着地，两臂向前，1—4 拍为头向右向左转动 4 次。保持平衡 8—10 秒钟。

25. 起始状态：立正姿势。左脚向前脚尖着地，两臂向前。闭目保持平衡 10—15 秒钟后回到起始状态。

26. 起始状态：闭目单脚保持平衡。1—2 拍为将挥动的单腿向上抬至胸部，双手抱膝；3—4 拍为将弯曲至胸的腿向前方放下并收回。

27. 起始状态：单脚脚尖着地。保持平衡（脚后跟高于脚本身），另外一只脚弯成直角向前，两臂侧平举。保持平衡回到起始状态 7—10 秒钟，闭目。

28. 起始状态：站立，双脚分开。在一条直线上，左脚的脚后跟与右脚的前脚尖接触（同样也用另外一只脚完成上述动作），两臂向前平举。保持平衡回到起始状态，头向右向左转。速度为每秒钟两个动作。也闭目完成。

29. 起始状态：同上。保持平衡回到起始状态。同时头向右向左倾。速度为每秒钟两个动作。也闭目完成。

游戏和接力

游戏、接力，旨在完善平衡功能的练习，可促进改善中央神经系统的神经过程定期机体，增加其力量和动作的灵活性，增强定向的准确性和功能活动的节奏感。此外，竞赛手段的运用，可使学习柔道者出现高昂的情绪，提高他们的积极性。

1. 单脚站立，脸对脸，手臂放到躯体后面。任务：用肩部撞击迫使同伴失去稳定状态，迫使其双脚站立。

2. 领头者与所有游戏人员移动位置，完成不同的翻跟头、滚式跳高和翻滚动。任务：相互进行触及。

3. 起始状态：第一组人站在第二组人的肩上。一对人靠拢，上面的人尽量使别人落地。在落地后，或者按照口令，两组人交换位置。

4. 起始状态：参加人员脸对脸站立，手臂放到同伴的肩膀上（两臂也可没有支撑）。任务：用脚尖去触及同伴的脚。

5. 起始状态：全体游戏人员围成圈，手拉手。在圈的中央放个物体，比如球、圆锥物或椅子等。开始沿着圆圈向右或向左运动，每个人都尽力迫使对手去撞击物体。撞击到物体的选手将退出游戏。

6. 一名单号选手四肢着地，而一名双号选手坐在他上面，双脚放置在两侧。下面的人尽力将坐在后背上的人掀掉。

7. 多名单号选手骑在多名双号选手的肩上。上面的人相互传递着皮球。下面的人在向各个方向运动时，阻止皮球的传递。在皮球落下的情况下，选手们交换位置。

8. 跪式橄榄球（蹲下姿势）。

9. 分成两队。目的：将球攻入另一队的球门。只允许用手接触滚动的皮球，不允许抓球。

成对练习

1. 一名同伴站在半蹲的另一人两条腿上，下面的人坐下并向后躺下，之后站起来。
2. 双脚放置在仰卧同伴的两条腿上，坐在下面同伴的双肩上，之后抬起双肩。
3. 上面的同伴压住下面坐着或跪立同伴的双肩。
4. 上面的同伴压住正面仰卧同伴弯曲的双臂，同时抓住其抬起的双脚。

技巧练习

技巧练习是协调训练的最有效手段之一。其中可分成以下几个步骤：

——滚动：旋转运动（就像是荡秋千），并且在不进行头滚翻的情况下，让身体的各个部位连续接触到支撑点（例如，团身后背滚动）；

——翻跟头：滚动式旋转运动，但进行团身向前或向后的头滚翻，从各种初始状态进行弯曲或压曲成各种最终姿势；

——不进行腾空翻转：身体向前、向后或向侧方的运动，并且身体进行头滚翻（向一侧翻转为“车轮”）；

——进行腾空翻转：跳跃运动，并且进行向前或向后的头滚翻，只是脚和手着地（原地和助跑翻转，向前翻转并转体180°、原地后空翻等）。

根据所受领的任务，技巧练习运用在课程的各个部分中。准备活动时最经常使用，因为这有助于关节做好准备去完成复杂的战术技术动作。在学习复杂的翻跟头和翻转时，必须使用补充方形垫子、必需的帮助和保护。

发展性练习

这一组练习是为了提高和完善身体素质，利用来自各种运动项目的各种各样的练习。但是，它们的方向和最终影响力效果主要取决于其使用的方法。

力量的发展

尽管柔道使人们联想起“技术战胜蛮力”概念，但如果力量能力没有得到足够发展，则任何一位柔道运动员都无法掌握精细的技术，也就无法奢望获得胜利。

对于柔道来说，最为实用的是速度力量能力，准确地说是它们的变种，即“爆发力”，也就是能够在最短的时间内表现出最大的力量。

在发展力量能力时，柔道运动员主要利用更高抵抗程度的练习，它包括：

——外部抵抗练习（单杠、杠铃、壶铃、使用训练器、与同伴一起）；

——克服自己身体重量的练习（卧姿、双杠、悬挂时弯曲和伸展手臂、爬绳、向单杠抬起双腿、跳跃等）。

在不改变肌肉长度的情况下进行肌肉的等值工作（保持）状态和相应的等值练习，有助于使最大可能数量的工作肌肉运动单位同时处于紧张状态。经常屏住呼吸，可使机体适应在特别困难的缺氧条件下工作。这种练习在演练卧姿搏斗技法时有较大益处，即被控制和摆脱控制的方法。

应进行力量能力的专项发展，此时实施最大程度的肌肉紧张，实施有数种形成最大紧张程度的有效方法。

最大力量方法

该方法可保证在不增加肌肉质量的情况下提高最大动力力量，这对于那些需要将体重相对保持在自己重量等级范围内的柔道运动员来说极为重要。

每次练习都通过数种方法来完成。在克服极限和超级最大化抵抗（此时体重等于该运动员最大体重的100%和以上）时，在一种方法中的重复次数最多为三次。方法数量为2—3种，重复之间的休息时间为3—4分钟，而各种方法之间的休息时间从2分钟到5分钟。

在完成接近于极限抵抗的练习（受累体重为最大体重的90%—95%）时，在一种方法中的可能重复次数为5—6次，方法数量为2—5种。每种方法中练习重复之间的休息间隔为4—6分钟，而各方法之间的休息间隔为2—5分钟。

该方法使用在年度训练周期的准备阶段，并且每周不超过2—3次。超过极限的大体重在7—14天内使用一次，并且在教练员的帮助与保护下按照有所减弱状态完成。

对于16周岁以下的年龄段，不推荐使用这种方法。

重复性非极限力量方法

规定多次克服非极限外部抵抗，直至极度疲劳或“出现故障”。

在每种方法中，练习的完成没有休息间隔。在一种方法中可进行从4次到15—20次及更多次的练习重复。每堂课应完成2—6套，每一套中有2—4种方法。各方法之间的休息时间为2—8分钟，而各套之间的休息时间为3—5分钟。外部抵抗的数值通常在该种练习最大数值的40%—80%之间。运动速度不快。

应该考虑到的是，在训练量较大并且重复次数不多的情况下，将主要发展最大力量，或者力量的提高与肌肉质量的增强同时进行（这对于柔道运动员来讲并不是总能被接受的）。在重复次数较多并且训练量不大的情况下，将增长的是耐力。

动力力量方法

该方法的使用，用于发展速度力量能力（爆发力）。规定以最快的速度完成训练量数值相对不大的练习（最大值的30%以下）。

在一种方法中的练习重复次数为15—25次。完成3—6套的练习，各套之间的休息时间各为5—8分钟。

耐力的发展与完善

在任何长时间的体育活动过程中，人或早或晚都将开始感觉到疲劳和疲倦。对抗疲劳的能力并且保持相应的工作能力水平，这就是耐力，是柔道运动员必需的身体素质。

耐力可划分成普通耐力和特殊耐力。普通耐力是在任何运动项目中所必需的，它是建立特殊耐力的基础，而特殊耐力则反映出运动员比赛活动的特点。

为了发展普通耐力，训练负荷的特点是适度的强度和较大的运动量。可以利用越野赛跑，时间长达60分钟。自由搏击为30—40分钟。在休息间隔时，建议变换运动活动的种类，并且采用小强度的练习。

球类运动（足球、篮球、手球）可以发展普通耐力，此时，奔跑是该活动的主要组成部分。这一训练总体上讲需要教练员极为小心。这是因为，由于自己运动项目的特点，柔道运动员在身体接触的运动项目中相当严格地进行活动，这将造成更大的损伤。

在年度训练周期的准备阶段，此时应为普通耐力打下基础，球类运动可列入训练计划。在比赛直接准备阶段，应绝对禁止球类运动。

可通过专门的手段来提高普通耐力：在榻榻米上的移动游戏并且使用搏斗的动作，各种接力赛，橄榄球分组赛（跪姿），小强度的搏斗等。

在柔道中，决定特殊耐力发展与完善工作方向的主要因素是：

时间因素：

——比赛搏斗的持续时间；

——比赛时搏斗的最大可能次数。

生理因素：

——强力对抗并且轮流使用实际上所有种类肌肉的最大紧张程度。

从这一角度来看，考虑到柔道比赛规则，训练过程应定位于让柔道运动员形成在一天内进行5—6场比赛（高强度的、4分钟的或5分钟的，根据年龄而定）搏斗的能力。

根据肌肉活动能量保障特点中的差异，通常划分成有氧的（有外部呼吸机能的参加）和乏氧的（有化学反应的参加但无氧气的参加）耐力组成部分。

在工作的开始阶段（从数秒到2分钟），以及在高强度的短时间力量时，乏氧机理的意义不大。在练习完成过程中，在工作的肌肉供血受到破坏时（绷紧、呼吸停止、静态紧张）），乏氧过程的加强也出现在强度改变的任何变化中。在长时间的工作中（只需准备3—5分钟），以及在负荷后的恢复过程中，有氧机理发挥着主要作用。

特殊耐力的首要因素是乏氧能力，它可在最开始时，在最初的数秒内保证肌肉的活动。我们不能详细描述这一没有完全研究透的复杂过程的生物化学和生理机理细节，我们只研究定位于完成这些任务的训练手段。

特殊耐力抗乳酸盐机理的完善

属于此项练习的是人体模型和同伴的摔击及训练搏斗。训练搏斗的可能状态：最大速度为15秒的搏斗，之后是1.5—2分钟的搏斗。在不大的速度情况下进行6套此种练习。这一状态也可使用在摔投人体模型或同伴时。在心脏收缩频率加快阶段，应在每分钟内超过180次打击，而在其他时间，每分钟为150—160次。这可保证必要的训练效果。

在此种内容的课程之后，应在规定的份额食品中增加富含肌酸磷酸盐的食品（内类和奶类食品），食用蛋氨酸、维生素 B_{15}。

特殊耐力乳酸盐机理的完善

需要表现出较强的意志力。作为主要手段而利用训练搏斗（或者成套的特殊练习）。

推荐两种工作状态：

1. 优先定位于提高醣酵解的容量。

练习持续时间为1.5—2分钟，一套中的重复次数为3次。

工作强度为接近于最大强度。在第一次重复后的休息间隔为2分钟，第二次重复后的休息间隔为1分钟。各套之间的休息间隔为15—20分钟，根据柔道运动员的体重等级而定。随着体重的增加，时间应相应延长。此外，在数套中的最后的数次重复时，可利用呼吸困难法（专用的面罩），直至呼吸停止。

2. 优先定位于提高醣酵解的能力。

一次重复的时间为30—50秒，一套中的重复次数为3次，重复之间的休息时间为1.5—2分钟。成套的数量不超过4套。各套之间的休息间隔为15—20分钟，根据柔道运动员的体重等级而定。随着体重的增加，时间应相应延长。

在两种情况下，心脏收缩频率达到最大值，在休息间隔时，采用缓慢的散步和呼吸练习。

特殊耐力有氧组成部分的完善

其手段也是训练搏斗，但强度只有70%—80%（此时心脏收缩频率应在每分钟170—180次的水平上）。练习的持续时间为1.5分钟。重复次数为8—9次（对于较重的体重来讲为5—8次）。休息间隔取决于心脏收缩频率（通常为1.5—2分钟）。在下一重复开始之前，心脏收缩频率应低于每分钟130—140次。在两套动作的训练负荷实施时，各套之间的间隔应为15—20分钟。

速度能力

反应速度完善的最普及的方法是重复方法，它规定对突然出现的信号多次完成练习。这一方法有助于改善感应与运动反应期。之后，在使用这一方法时，反应速度开始稳定下来，而这一速度的进一步提高更加费力。

与此相对应的是，可利用游戏方法，该方法规定在局面、同伴对抗和相互关系不断和突然变化的条件下完成练习。在这种情况下，作为练习可采用接力赛跑、移动式运动和球类运动，这些运动包含有对突然信号的快速反应要素。

练习选择的主要原则是条件的多种多样、条件的逐步复杂化、接近于柔道运动员主要活动的特点。

感应方法基于快速反应与区分不大时间间隔（数十分之一或数百分之一秒）能力之间的紧密联系。很好掌握细微时间间隔的人，其特点通常是有较高的快速反应能力。

在复杂的反应中，可划分成对运动目标的反应和选择反应。这些类型的反应对于柔道来讲较为典型。对运动目标反应的主要时间份额（超过 80%）用于视觉。这一能力是可以训练的。为此可利用对运动目标反应的练习。在完成这种练习时，应该：

——逐步增大目标运动的速度；

——缩减目标与练习者之间的间距；

——减小目标的尺寸。

选择反应与根据同伴、对手行为或周围环境变化而从一系列可能的反应中选择所需的运动性反应有关。这是相对复杂的反应类型。此时，反应时间在很大程度上取决于战术动作和技术方法的余度，取决于在瞬间从中选择出最有利动作和方法的能力。

为了完善选择反应速度，应该：

——逐步使反应性行动的特点及其完成的条件复杂化；

——发展预先断定对手动作的能力，提前采取行动，也就是说，与其说对对手或同伴的动作做出反应，不如说对其不明显的准备动作和外表状态（姿势、表情、激动状态）做出反应。在速度能力方面的重要任务是防止形成速度障碍，而在出现这种情况时，应消除或减弱这种障碍。

这种情况下，在培训专业运动员的工作中，建议减少比赛性训练的负荷量，增加速度力量和其他普通训练和专业训练练习的比重。

结合性练习

属于此类的练习主要与完成各种技术战术动作能力的提高和在完成教学、训练和比赛搏斗过程中运动员身体能量保障机理的完善有关。

搏斗可帮助掌握、巩固和完善技术和战术的能力和技能，培养所需的身体和意志素质，获得和保持较高的训练水平。

教学搏斗

目的是掌握新材料，根据练习要求而实施。同伴并不全力抵抗，并且在搏斗过程中定期为训练者创造完成技法的良好（根据练习要求）条件。

属于教学搏斗任务的，有掌握某一种技法（要素）或两三种技法的结合。为了监督自己的动作，训练时应选择较慢或中等速度。动作完成的速度可各不相同（由练习要求而定）。持续时间取决于训练任务。在演练时，不应出现疲劳，因为这将影响技术的正确掌握。

在未能准确完成练习的情况下，应停止搏斗，以便纠正错误。在教学搏斗中，同伴应帮助完成练习。

这些搏斗应在课程的主要部分开始时实施，它们主要用于准备时期和主要时期的初步准备阶段。

教学训练搏斗

主要是在比实际对打条件更为轻松的条件下，完成进一步掌握和完善技术和战术的任务。搏斗的实施应完成各种练习，其目的是进一步掌握和巩固技术和战术动作，消除不足，提高身体素质和演练与具体对手实施搏斗的方法。

在教学训练搏斗时，运动员应全方位研究技法、反攻技法和防卫技法。他应极力体验各种状态和局面，并且找到摆脱的正确途径。

与教学搏斗一样，也应在必要情况下中止教学训练搏斗，以便指出错误之处，但错误之处的指出不应滥用。

教学训练搏斗的实施时间取决于课程的变化。如果课程为教学训练课程，则搏斗在主要部分的开始时实施；如果课程为训练课程，则在结束时实施，即在训练者将结束训练搏斗并且将休息时。

最经常的教学训练搏斗使用在准备时期，在训练年度主要时期的初步和直接准备阶段。

训练搏斗

在这些搏斗中，可以在接近于比赛的条件下完善技术和战术，提高身体和意志素质。所有动作的完成，都应有获得动作正确结果的更高责任心。

建议为了提出意见而中止训练搏斗。在特殊情况下，根据单独搏斗的进程而提出意见。意见应该是明确而简短的。

柔道运动员训练中竞技比赛方法的使用

体育中竞技比赛方法是指在竞技或比赛条件下获得和完善知识、技能和技巧，发展运动和道德意志素质的方法。

这一方法的复合运用，可在各种条件下完成各种任务。属于该方法典型性的特征是：

在运动行为中存在有竞争和感染力；

——无论是条件，还是参加者本身行动的不可预知的变化性；

——表现出最大限度的体力和心理影响力；

——参加者在遵守约定规则的条件下力争获得胜利；

——使用针对于竞技或比赛具体条件的各种各样的运动技巧。

这一方法的使用，有助于成功积累基于时间关系的运动经验，而这种关系由于与所研究体力活动种类的协调一致性，使对大纲材料的掌握更加轻松。

竞技比赛练习具有较大的情感力量，它不仅是体力发展，也是精神教育的有效手段。

练习的目的是：无论是参加者的体力，还是具体技能和技巧，都将得到完善。

定位于发展和形成柔道运动员重要运动素质和技能的竞技比赛练习

1. **任务**：巩固机动技巧；在比赛局面下增强距离感。

参加者围成一个圆圈，手拉着手，肘部或腕关节相连。一部分人面朝圈内站立，另一部分人朝圈外站立。按照教练员的指令，所有人开始运动，采用紧靠着的步伐，一会儿向右，一会儿向左，而根据掌声开始将每个人拉向自己一方，也就是说，向内或向外。

没有坚持住并且超过圆圈线的参加者，哪怕只迈出一步，则将退出竞技。

竞技继续进行，直至圆圈的尺寸只能够抓住双手。在竞技中参加者人数剩下较多的一队获得胜利。

2. **任务**：在竞技条件下形成正确完成抓住的技能；增强双手的力量。

竞技者双方相对站立，伸出同名脚，并且准备抓住对手身体的一定部位。

双方竞技者都必须用双手抓住预先规定的身体部位：腕关节、躯干、后背、颈部、双脚。

比赛的连续性：1）一部分参加者为进攻方，另一部分参加者为防守方；2）参加者转换角色；3）所有参加者均为进攻方。

双手的位置不受限制。

只有抓住身体的一定部位才被认定为获胜。第一个并且正确完成练习的选手为胜利者。

参加者完成抓住次数较多的一队获得胜利。

3. **任务**：增强前庭稳定性；完善运动的协调性和耐力。

各队站成横队或圆圈。

根据信号，选手们开始完成以下练习：

1）向前翻跟头，两脚交叉，并且在转体180°后重复练习；

2）从基本站立姿势转入躺姿，用双手进行移动；

3）躺姿双臂弯曲和伸展并且拍手十次。

最早完成练习的一队获得胜利。

比赛可在两种样式下进行：

1）谁最先完成一定数量的练习；

2）谁在一定时间内完成练习的次数更多。

4. **任务**：在标准条件、允许动作数量有限的情况下，形成最简便的单独搏斗实施技能。

参加者们面对面地成对躺在地上，将右（左）手臂的肘部放在地毯上，手掌相接。

根据教练员的指令开始搏斗。每名选手都力争战胜对手，也就是说，将其手固定住。

搏斗应使用一只手，而另一只手放在手背上。

在搏斗时，禁止肘部离开地毯。

选手得以获得数量更多胜利的一队赢得比赛。

5. **任务**：巩固在比赛环境下单独搏斗的实施技能。

各队排成横队，其参加者进行接触，将双手依次放置在对方的双肩上，为进行支撑一只脚向后退一步。

根据信号开始搏斗。每名参加者都力争以对手的双肩为依托，将其推出线外或者有限的场地（草垫、圆圈等）。

得以将对手推出线外的参加者为胜利者。根据参加者获得胜利的数量来决定哪个队获得胜利。

6. **任务**：完善力量素质、灵活性。

一队的选手们抓住双手，形成一个圆圈。他们的对手位于圈内。根据信号，圈内的选手们成对的向外“突破”。之后各队转换角色。

通过突破口的不能超过一对选手。

参加者在规定时间内冲出圆圈数量更多的一队获得胜利。

7. **任务**：增强力量素质、反应速度。

每一队的选手们形成一个圆圈。

一名选手站在中间，沿着躯干伸出双手。所有其他人坐下，收起双腿，紧密地靠在这名选手的周围并且向他伸出双手。选手倒向坐着选手的伸展手臂，而这些选手应该将他推离自己。

未能将这名选手推离自己的选手，与该名选手交换位置。

8. **任务**：在比赛环境下增强主要身体素质。

选手们面对面成对地用一只脚站在直径为2—4米的圆圈上，而另一只脚膝盖弯曲并且用一只手把住脚尖。每名选手都用一只脚进行跳跃，用肩膀撞击另一人，力争迫使自己的对手失去平衡并且第二只脚着地。

获胜者组成新的一对，直至一定时间的结束。

只能在圆圈范围内跳动。选手们只允许用肩膀进行相互撞击。

将自己的对手撞出圈外或者迫使其第二只脚接触榻榻米的选手获得胜利。

9. **任务**：形成搏斗实施技能；增强灵活性、力量、运动的协调性。

各队参加者相互较近地仰卧，头部朝向不同方向，半弯曲的双手相互挂住。根据信号，选手们抬起双脚，相互挂住并且力争用压制力量相互迫使对方向后翻转。

10. **任务**：增强灵活性、运动协调性、速度耐力。

参加者划分成两队："抓捕者"和"逃脱者"。"抓捕者"手拉着手，形成一个链圈，并且追捕其他选手，而其他选手单个向四面八方散开。只有最边上的两位选手有权抓人。"被抓住的"选手则退出游戏。

被追捕的选手可以突破小链圈，或者在选手的双手下滑过，而这些选手力争抓住圈内还未被抓住的逃脱者。如果小链圈被突破，则不能抓人。

11. **任务**：增强速度素质、灵活性、运动协调性。

游戏的所有参加者都站成一列纵队。每名选手都抓住前面站立者的腰带。第一名选手为"头部"，而最后一名选手为"尾部"。根据教练员的信号，"头部"力争追赶上"尾部"。

在经过一定时间后，各队交换位置。

必须牢记的事项

为了合理建立教学训练过程，必须考虑到人体发育的客观规律和完成教学任务时的依据充分的方法。下面所列数据可帮助拟订训练计划，提高其效率，避免低效劳动。

1. 在肌肉力量显示上可观察到一昼夜的周期性变化。最大数值可出现在15时和16时之间。一月和二月时肌肉力量的增长要比九月和十月时更为缓慢。肌肉活动的最好条件是20℃的条件。

2. 对速度能力表现产生影响的是外部环境温度。最大运动速度出现在20℃温度左右。在16℃时，速度下降6%—9%。

3. 由于支撑运动的器官随着年龄变化，在15—20岁后，运动幅度（灵活性）下降，而这一素质水平的提高要比儿童年龄的人困难许多。最小的灵活性出现在早晨，在睡醒之后，之后灵活性逐步增强，白天（从12时到17时）达到最大值，而到傍晚时，重新降低。在准备活动、按摩、加温方法（温水浴、热淋浴、涂擦）的影响下，可大为提高运动幅度。关节灵活性的降低出现在肌肉冷却时，在进食之后。

4. 在停止完成灵活性练习时，灵活性程度逐步降低，在2—3个月后返回到初始值。因此，练习中断应不超过1—2周时间。

跌倒时的自我保护技术

尽管榻榻米拥有平整的表面并且拥有足够的密度和弹性，但在柔道中，对跌倒且可避免损伤的技能提出了更高的要求。

人们都说，柔道从鞠躬开始，但更正确的说法应该是，柔道从跌倒开始。教授柔道技术应从研究跌倒时的保护方法开始。

侧向跌倒时的自我保护方法

我们研究一下向右侧跌倒时的局面。柔道运动员应该采取的最终姿势为：侧卧，肘关节伸直的右手臂向前伸展并且手掌贴着榻榻米，与躯干离开，呈约45°角。第二只手离开身体并且向上抬起。头部不接触榻榻米，下巴贴紧胸部。双脚弯曲，膝部分开。

在采取最终姿势之前，或者在躯干接触榻榻米之前，柔道运动员应该用手对榻榻米实施重力的提醒式打击。重要要素是伸展的手指应紧密地合在一起并且手臂在肘关节处完全伸直。这种对榻榻米的打击可引起缓冲效应，防止内部器官因跌倒的撞击而震动。下巴紧贴在胸前可使头部免于撞击在榻榻米上，从而避免大脑受到震动。伸展的双脚保护膝关节和会阴免受撞击。

还可实施一种方法以避免下肢的损伤。在伸展的手臂对榻榻米实施提醒式打击和侧向着地后，伸展的双脚稍微向上抬起。

必须明确的是，在跌倒后必须采取的所需完成的最终姿势是模式化的姿势。在训练过程中，尤其在比赛过程中，并不是总能遵守所有的建议。正确完成自我保护的首要要求是在跌倒时不受伤。

教学的内容为：

1. 研究并且记住最终姿势；
2. 演练缓冲打击；
3. 从坐姿向侧方跌倒；
4. 从跳跃的坐姿向侧方跌倒；
5. 超过四肢着地的对手向侧方跌倒；
6. 从站立姿势向侧方跌倒；
7. 从跳跃的站立姿势向侧方跌倒；
8. 在抓住对手的一只手时，翻跟头向侧方跌倒；
9. 在摔击对手后向侧方跌倒。

向后跌倒时的自我保护方法

为了保证向后跌倒时的安全，柔道运动员应该采取以下姿势：下巴紧贴前胸（这可避免后脑勺撞击榻榻米，保护大脑免受震动），膝盖弯曲并且伸向腹部（这可保护腰部脊柱和肾免于撞击榻榻米），肘关节伸展的手臂离开躯干并且呈约45°—60°角（手掌伸向榻榻米，手指并拢）。在向后跌倒时首先应采取这种姿势，还是在后背着地之前，柔道运动员应该用双手对榻榻米同时实施提醒式打击，以便缓冲自己的跌倒，防止内部器官受到损伤。

教学的内容为：

1. 研究并且记住最终姿势；
2. 演练缓冲打击；
3. 从坐姿向后方跌倒；
4. 从跳跃的坐姿向后方跌倒；
5. 超过四肢着地的对手向后方跌倒；
6. 从站立姿势向后方跌倒；
7. 从跳跃的站立姿势向后方跌倒；
8. 翻跟头向后方跌倒；
9. 在摔击对手后向后方跌倒。

向前跌倒时的自我保护方法

存在两种主要方法。第一种方法原则与向侧方和向后方跌倒时采用的机理没有区别。此时的主要要素是对榻榻米的缓冲打击。为此，肘关节弯曲的手臂翻转，手掌向前（手指紧紧并拢在一起）并且最先接触到榻榻米。

伸展的双脚稍微分向两侧。

第二种方法让人想起排球运动员的倒地接球后跌倒。手臂在肘关节处稍微弯曲，手掌向前展开，手指张开。头部向后并且转向一侧。双腿因腰部脊柱的弯曲而向后移动。在跌倒时，首先接触榻榻米的是手指，之后胸部平稳着地，之后是腹部，最后接触榻榻米的是大腿。这种方法可保护内部器官免受震动，使脸部和膝关节免受损伤。

榻榻米上的行为规范

柔道是接触性单独搏斗项目，此时允许使用疼痛技法和窒息技法、大幅度和大力量摔击，无论是训练对打，还是比赛对打，都需要柔道运动员动用全部力量。在所有运动项目中，柔道在损伤方面远远不是最多的。

此外，在练习时遵守安全措施，这是成功掌握柔道秘密的基础。从事柔道的人应该记住在训练时的数种简单行为规范。

1. 不允许坐着时背部朝向榻榻米中心。

2. 在演练投技时，所处的位置应该使对手离开榻榻米的中心而向外跌倒。

3. 在跌倒时，禁止挪开伸直的手臂，以减缓跌倒。

对手为什么会跌倒

如果失去平衡并且未能来得及恢复平稳，那么人就会跌倒。从生物力学定律角度讲，当总体重心的投影超过支撑面的边界时，便会发生跌倒。

我们将研究保证使对手跌倒并且在单独搏斗过程中最经常遇到的机理。第一种机理在于以下各点：

如果尽力使人失去平衡状态，迫使其为恢复平稳而让他那只本不应迈步的脚进行迈步。

这很容易进行试验。您从后面走近对手，弯曲双手肘关节，将手掌靠在肩胛骨区域，伸出双手，猛地向前推动对手。为了不跌倒，他将被迫向前迈出一步（也许是数步，根据推力而定），使支撑面靠近已经移动的总体重心。

请您再完成同样的动作，但请求某人在您推动时原地把住同伴的鞋，或者在同伴面前设置某种障碍，例如，体操用的长凳。被推动后背之后，在不能从原地移动的情况下，您的同伴失去平衡，并且将被迫展示向前跌倒时的自我保护方法。

在实践中，这一机理的明显画面是前脚绊摔击（体落）。

我们研究可引起人跌倒的第二种机理。

这一机理在于以下各点。

如果尽力使人失去平衡状态，此人应为恢复平稳而使用他本不能站立的那只脚站立。

您请求同伴弯曲左膝，用右脚站立，并且保持平稳，然后您推动同伴的右肩。为了恢复平稳并且不跌倒，您的同伴被迫进行左脚站立，使支撑面靠近已经移动的总体重心。

如果使同伴失去为了避免跌倒而伸直弯曲的腿并且用其进行站立的可能性（例如，将小腿紧靠在大腿上），那么强力推动一定会造成跌倒。

根据这一原理而形成了挂住、侧脚绊、抓脚摔击。

受到尊敬的是嘉纳治五郎对丹田、生物能量集中问题的合理的、可以说是唯物主义的观点。根据传统的东方搏斗艺术信徒的观点，这一生物能量的集聚，可达到出色的结果。这位柔道创始人首先将丹田视为人体的重心。他对特殊技巧运动附录中的机械定律、平稳理论都进行了仔细研究，并且以相应的方式进行注释。在柔道中，以最详细的方法设计失衡术部分（失去平衡）。失衡术的正确完成是柔道的一半，因为无法将双脚坚实站立的人摔击出去。

在嘉纳治五郎的叙述中，讲道馆座右铭“最有效果的力量作用点”的意义在于以下各点。假定人的力量以设定单位来评估。对手的力量为 10 个单位，您的力量较小，为 7 个单位。如果对手用全力推动您，那么即使您使出所有力量进行抵抗，也是无法站住的，您或者跌倒，或者闪开。这是因为力与力在相对抗。但是，如果在推动时，您保持平衡的同时进行退让，运动到他推动您的程度，那么对手将向前晃动并且本身失去平衡。在这时，由于姿势不稳定，他的位置极易受到攻击，他因不舒适的站姿而变弱。您在保持平衡的同时，可动用自己所有的7个单位的力量，而这一力量将使您获得胜利。

“退让是为了获得胜利”，柔道的最高级水平是善于为了胜利而退让。我们用能够说明这一论点的实例来对其加以解释。设想一下，您就是一扇门，并且是闩着的一扇门，而您的对手所要达到的目的就是用肩膀撞开这扇门（就是您）。如果他拥有足够的体重和力量，那么在用力靠助跑撞击的情况下，他会达到自己的目的。现在我们研究一下情节的其他发展。为了支撑抵抗对手的强攻，我们找准一个时刻，在这一时刻，他在助跑后，马上就要实施撞击了，于是我们打开门闩。此时，在没有遇到阻力并且无法停住的情况下，对手将跌在已经松动的门上，失去平衡而跌倒。如果此时稍稍提起门槛，“下脚绊”，使他被绊一下（幻想归幻想），那么胜利将是毫无疑问地属于您的。这是用最小的力量获得最大的效果。

与门闩有关的类似巧计也可在另一种情况下实施，此时，门向外打开并且对手在向自己一侧拉门（也就是您）。

在“凶犯”企图向自己一侧用力拉动门把手并且试图撬开闩着的门时，应该打开门闩，于是，可保证让对手向后失去平衡。如果此时“您”能够让门把手从门上“脱落”，那么保证让寄希望于自己蛮力但没有遇到任何阻力而扑了一个空的那个人向后跌倒。

从何处开始教授柔道技术

尽管拥有一百多年的历史，也不管各国专家在此期间积累了多么丰富的经验，尽管教授过程的各种方法都有正面的结果，但问题仍没有全部解决。

讲道馆柔道中所采用的站立姿势搏斗技术，由五组组成（五教之技解说），每组各有八种技法。

柔道运动员在掌握每组组成中的投技，在考试中展示其掌握水平后，可申请获得例行的学生等级（级）。柔道运动员腰带的颜色表明其技术训练水平的等级。

一级：黄色腰带；二级：橙色腰带；三级：绿色腰带；四级：蓝色腰带；五级：咖啡色腰带。

表 1　　站立姿势搏斗技术分类

序号	五级
1	足扫（侧击）
2	膝固（击打膝部）
3	扫钓（前“支撑”击）
4	大腰（抓住后背腰带越过大腿的摔击）
5	大外刈（急速缩回）
6	钓腰（双手臂下抓住躯干越过大腿的摔击）
7	大内扫（用异名小腿从内部挂住）
8	肩锁车（抓住同名领口的过肩摔击）
	四级
9	小外扫（从外部击打脚后跟）
10	小内刈（用脚掌从内部挂住）
11	腰车（抓住头部越过大腿的摔击）
12	钓进腰（抓住领口越过大腿的摔击）
13	送足扫（打乱步速）
14	体落（前脚绊）
15	扫腰（抓住一只脚“前抓住”）
16	内股（从内部抓住）

续表

序号	三级
17	小外挂（用异名小腿从外部挂住）
18	钓腰（用手抓住躯干越过大腿的摔击）
19	横落（向一侧下坐的脚绊）
20	大车（向一侧拧转越过脚的摔击）
21	小腿下蹲越过大腿的摔击
22	扫钓进足（对落后一只脚的前击）
23	巴投（脚掌支撑于腹部的摔击）
24	肩锁车（过肩摔（“磨坊”））
	二级
25	带取返（小腿下蹲的过顶摔）
26	谷落（向后下坐的脚绊）
27	抓住肩下一只手并且小腿下蹲的摔击
28	掬投（前转身）
29	抓住转身（将对手扔在大腿上的摔击）
30	大车（拧转向前越过脚的摔击）
31	抓住肩下一只手的摔击
32	浮落（猛地向前一拉失去平衡）
	一级
33	浮技（向前下坐的脚绊）
34	向后的抓住
35	对同名脚的脚绊并且跌倒
36	越过胸部的摔击并且跌倒
37	后腰（针对越过大腿摔击的回应式摔击）
38	拧转越过胸部的摔击
39	椎投（向后推动失去平衡）
40	从外部击打脚后跟并且跌倒

图 1 可判断讲道馆多年实践证明的站立姿势技法的分配。

讲道馆			
序号		n	%
1	足技	12	29
2	腰技	11	28
3	手技	4	10
4	肩技	2	5
5	舍身技	11	28
合　计		40	100

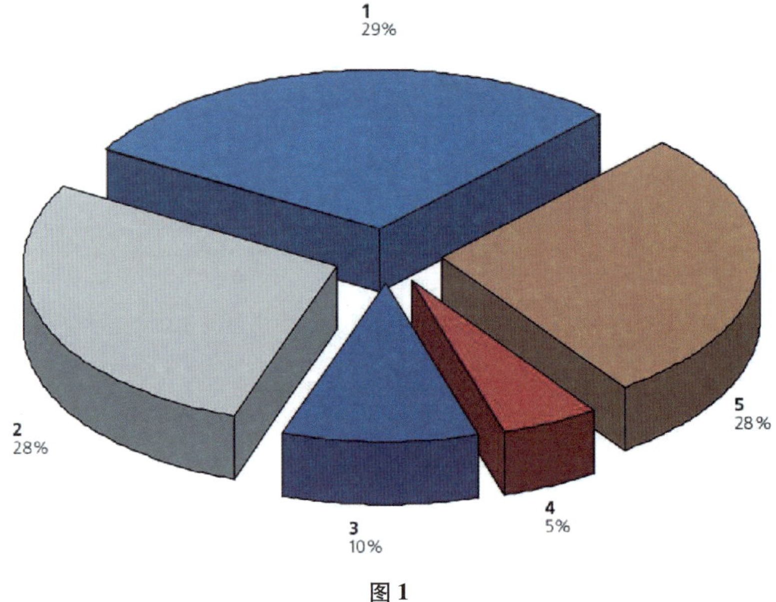

图 1

荷兰采用川石教授创造的柔道技术分类法。根据这种分类法，站立姿势搏斗技术（投技）包括 60 种技法，并且划分成：

——双脚搏斗技术（足技）：15 种技法；

——越过大腿摔击技术（腰技）：15 种技法；

——双手摔击的技术（手技）：9 种技法；

——越过肩摔击技术（肩技）：6 种技法；

——摔击并且跌倒的技术（舍身技）：15 种技法；

卧姿搏斗技术（在比赛实践中允许使用的技术）包括 71 种技法，并且划分成：

——抑制技术：17 种技法；
——窒息技法技术：29 种样式；
——疼痛技法技术：25 种样式。

图 2 中展示了由川石教授所推荐进行研究的站立姿势技法的百分比。

川　石			
序号		n	%
1	足技	15	25
2	腰技	15	25
3	手技	9	15
4	肩技	6	10
5	舍身技	15	25
合计		60	100

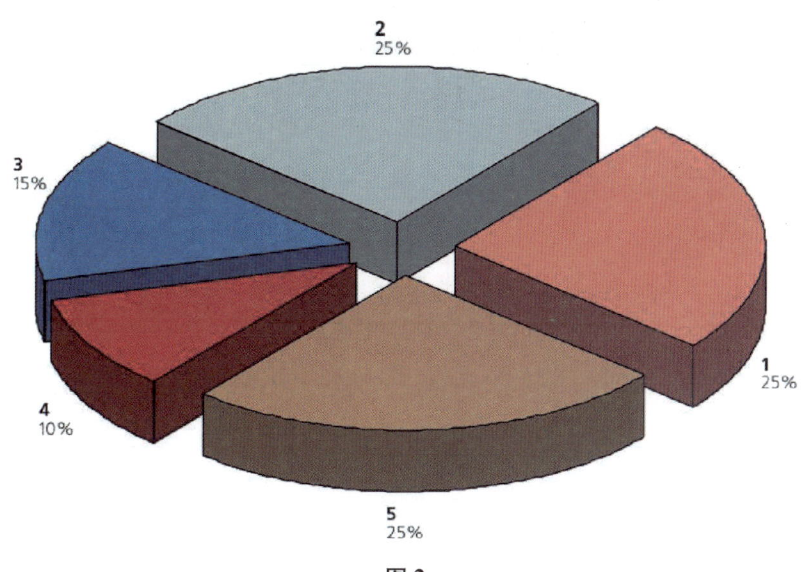

图 2

也有其他的分类法，它们在实践中证明了柔道技法研究相应连续性的效果（三船分类法、小池正分类法、安东·格辛克分类法等）。

从我们的角度讲，教授内容和连续性问题解决的先进观点应考虑到比赛实践的内容。

图 3 给出了关于站立姿势搏斗技术实例划分的概念，这种技术存在于现代比赛实践中。

实　　践		
序号		%
1	足技	35
2	腰技	13
3	手技	19
4	肩技	23
5	舍身技	10
合计		100

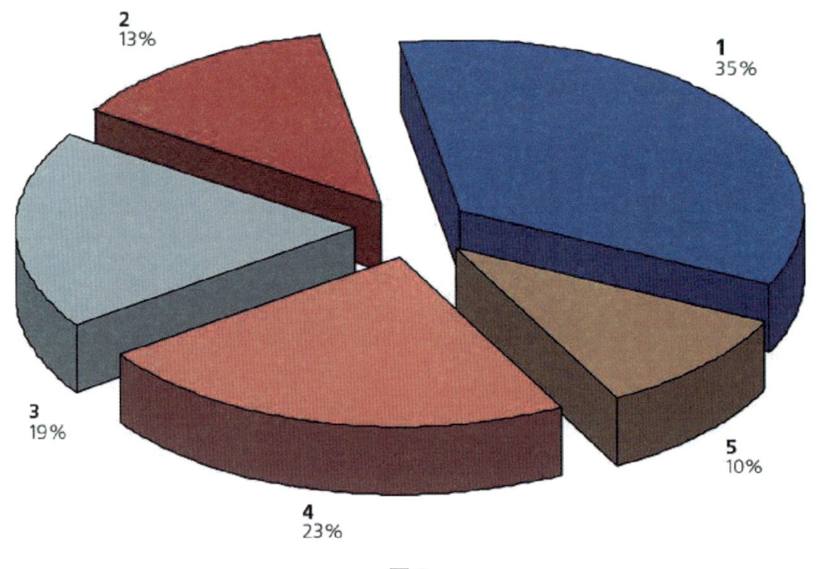

图 3

对图解的分析可以得出结论，在开始掌握柔道大量技术时，对过肩摔（肩技）一组没有给予应有的重视。

E. M. 丘马科夫教授制定了桑搏搏斗技术分类法，该分类法将站立姿势搏斗技术划分成三个子级：双手摔击、双脚摔击和躯干摔击。

相应地，双手摔击划分成三组：失去平衡、抓住一只脚的摔击和抓住两只脚的摔击。

双脚摔击划分成五组：脚绊、击打、抓住、挂住、过顶摔击。

躯干摔击划分成二组：过肩摔击和过胸摔击。

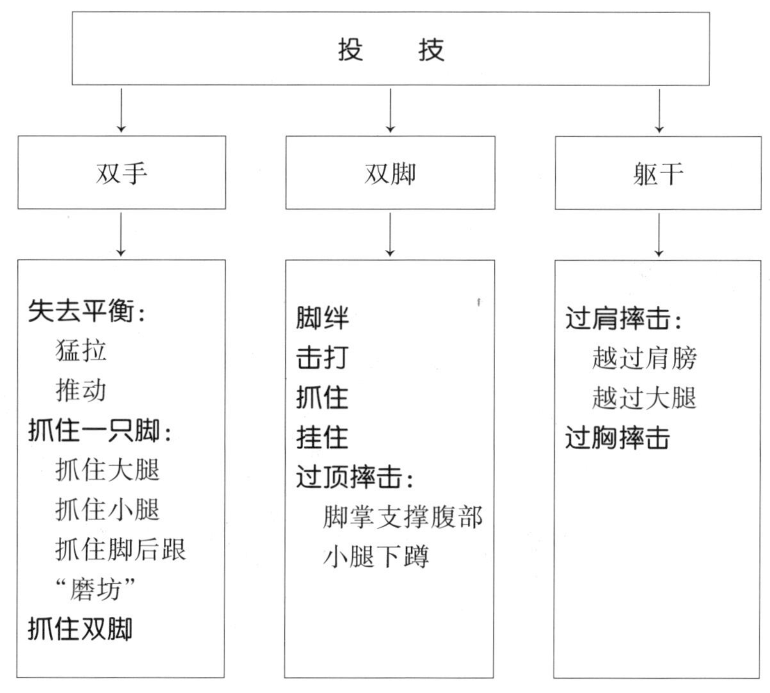

示意图 站立姿势搏斗技术

从我们的角度讲，柔道中这种分类法的使用是完全合理的，因为桑搏的起源与柔道密不可分，而大量的站立姿势技术技法实际上是相同的。

对高级柔道运动员技术情况的分析，说明了柔道技法利用时的下列优先方向。

在比赛实践中，柔道运动员为取得胜利，最常使用下列技术方法。

在卧姿搏斗时，按照结局而处于第一位的是抑制。通过疼痛和窒息技法获得纯粹胜利的百分比极少并且大约相当。

在站立姿势时，经常得分的是脚绊（经常是后脚绊）、从站立姿势和利用膝部的过肩摔、异名小腿的挂住、从内部抓住、抓住双脚的摔击。击打的使用，主要是作为复合动作中的准备性攻击动作（图 4、5、6）。

毫无疑问，在谈论柔道运动员的技术技能时，应该定位于其掌握所有技法的准备程度。但是，即使最高级和杰出的柔道运动员都只在自己的比赛技术中采用数量有限的技法（站立姿势的 2—3 种，少有 4 种，卧姿搏斗的 1—3 种）。此外，对于自己拿手的技法来讲，大量的各种各样的训练可使它达到好的效果。

因此，在学习的最初阶段，柔道运动员应该在技能水平方面掌握柔道的所有基本技术。在进一步完善的过程中，应该将自己的搏斗技法局限于那些技术动作，这些动作在学习过程中加以确定，并且考虑到柔道运动员的个人特点、实施搏斗的机动性和比赛实践。

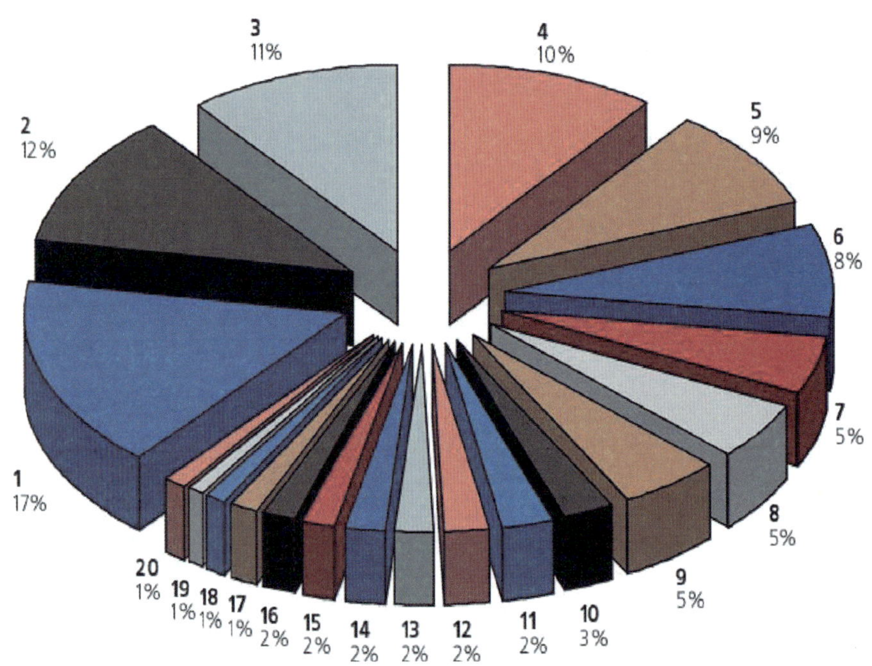

图 4　站立姿势时柔道攻击动作使用频率

1. 背负投（过肩摔击）
2. 内股（从内部抓住）
3. 利用膝部过肩摔击
4. 内挂（从内部用小腿挂住）
5. 体落（前脚绊）
6. 大外落（后脚绊）、急速缩回
7. 两足取（抓住脚的摔击）
8. 过顶摔击
9. 出足扫（侧脚绊）
10. 双手刈（抓住双脚的摔击）
11—20. 其他技法

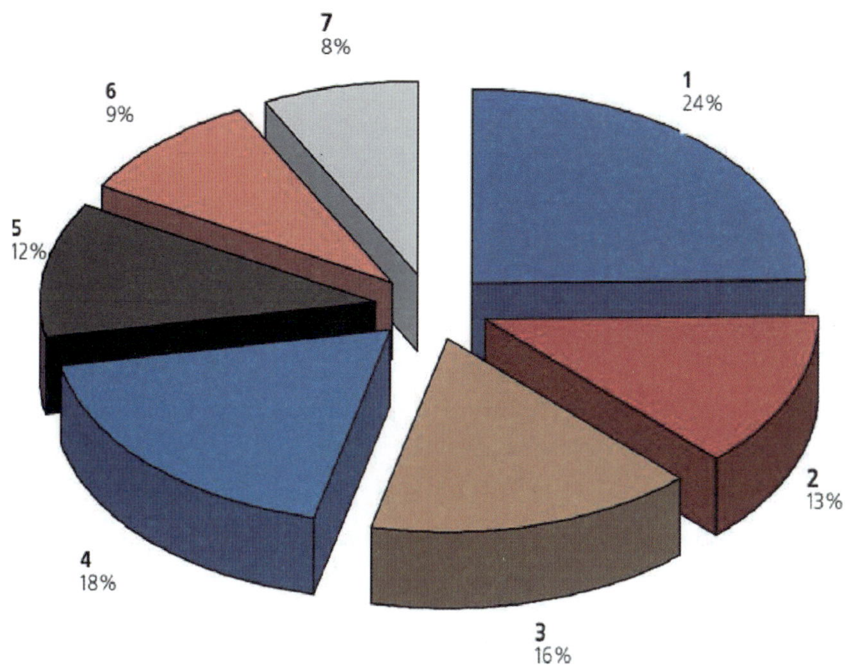

图5　柔道技法各组使用频率

1. 背负投（过肩摔击）
2. 击打
3. 挂住
4. 脚绊
5. 抓住
6. 两足取（抓住脚的摔击）
7. 攻击者预先跌倒的摔击

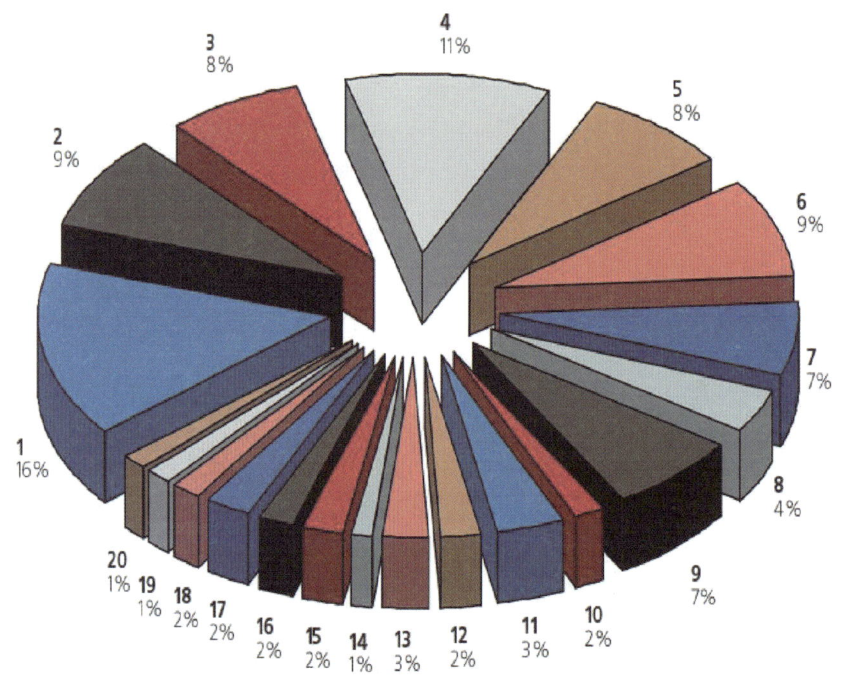

图 6　站立姿势时有效的柔道比赛技术

1. 背负投（过肩摔击）
2. 内股（从内部抓住）
3. 利用膝部过肩摔击
4. 内挂（从内部用小腿挂住）
5. 体落（前脚绊）
6. 大外落（后脚绊）、急速缩回
7. 两足取（抓住脚的摔击）
8. 过顶摔击
9. 出足扫（侧脚绊）
10. 小内扫（内侧脚绊）
11. 钓腰（越过大腿的摔击）

12—20. 其他技法

基 本 概 念

要想以口头形式再现柔道技术的所有细节是不可能的。只有在教练和专家的指导下进行训练时，在多次重复所掌握技法的过程中，并且借助于比赛实践，柔道运动员才能掌握该技术细节的正确概念。

甚至此类所有人耳熟能详的动作，是每个人从童年时代便已知晓并且不会产生任何困难的动作，如穿上夹克或上衣，都极其复杂地置于规则的范围内。

为了在描述柔道技术时更轻松地理解，我们将使用下列表述。

“进攻方”（Tori）：施行技法的柔道运动员。

“防守方”（Uke）：同伴、对手。

术语“同名的”是针对袖子和翻领等而言的，其含义为，右手从右侧抓住对手的和服，或者右手抓住对手的右腿。相应地，左手从左侧抓住对手的和服，或者左手抓住对手的左腿。

术语“远距的”是针对进攻方的右手或右腿而言，其含义为，进攻方以左侧转向防守方（位于防守方的右侧）。

术语“远距的”是针对进攻方的左手或左腿而言，其含义为，进攻方以右侧转向防守方（位于防守方的左侧）。

术语“近距的”是针对进攻方的右手或右腿而言，其含义为，进攻方以右侧转向防守方（位于防守方的左侧）。

术语“近距的”是针对进攻方的左手或左腿而言，其含义为，进攻方以左侧转向防守方（位于防守方的右侧）。

方向“向前”、“向后”、“向一侧”是针对进攻柔道运动员而言的。

力量施加方向“推开”、“拉近”、“向右”、“向左”、“背后”是针对进攻柔道运动员而言的。

在竞技比赛中，可以利用各种方法来获得胜利。最简单的，但不太可靠的途径是：利用单一技法（A）实施攻击。防守方巧妙的防护动作、他预先识破攻击开始和内容的能力，经常迫使柔道运动员的进攻努力变得无功而返。

同样一种技法的运用，也可能有其他的样式。例如，与准备充分的技法（a1、a2、a3 …an）相结合，此时，对方的防护反应，会对技法 A 的施行创造有利的且动感十足的局面（a1A、a2A …anA 类型的成套动作）。或者在成套动作中，也由于防守方采取防护动作，A 技法完成的开始，会给其他技法的施行创造有利的条件（Aa1，Aa2… Aan 类型的成套动作）。

下列各图展示了柔道技法成套动作的主要技术—战术体系。

1. 包括数个准备充分的技法体系，这些技法为实施成套动作主要（结束）技法创造先决条件。

2. 揭示能力的体系，这种能力是通过试图实施一种准备充分的技法，来利用数个技法继续实施攻击，这其中的每种技法都可作为结束性一投而加以使用。

立技（Nage-Waza）

背负投（Seoi-Nage）

该技法可以数种样式来完成。在比赛实践中最经常遇到的是下列技法。

样式Ⅰ：双手背负投 Morote-Seoi-Nage.

进攻方的动作：

1. 抓住异名袖子和异名翻领。
2. 迫使对手向前失去平衡。
3. 继续向前向上牵拉防守者，迫使防守者用脚尖站立。
4. 后背转向防守者，下蹲和向前倾身，迫使防守者离开榻榻米，使其失去支撑。
5. 伸直下蹲的双腿并且用骨盆将防守者的大腿向上顶，将对手越过自己而抛出。

（请见图 1）

样式Ⅱ的区别在于，为了实施攻击，应该抓住对手和服的同名翻领。

进攻方的动作：

1. 抓住异名袖子和同名翻领。
2. 迫使对手向前失去平衡。
3. 继续向前向上牵拉防守者，迫使防守者用脚尖站立。
4. 后背转向防守者，下蹲和向前倾身，迫使防守者离开榻榻米，使其失去支撑。
5. 伸直下蹲的双腿并且用骨盆将防守者的大腿向上顶，将对手越过自己而抛出。

样式Ⅲ：单手背负投 Ippon-Seoi-Nage.

与前面的样式一样，必须抓住对手的异名袖子向下，在肘关节和肩关节之间。

在对手向前失去平衡后，进攻方进行后背转向、从被攻击之手的腋窝中运动出来的时刻，第二只手压制同名肩部作为补充支撑点。之后进攻方伸直下蹲的双腿并且用骨盆将防守者的大腿向上顶，将对手越过自己而抛出。

样式Ⅳ：抓住两袖的背负投。

进攻方的动作：

1. 从靠近手腕的下方抓住对手和服的两只同名袖子。
2. 握住对手的双手，不让他挣脱出去。
3. 在对手试图摆脱抓握的时刻，即他开始将双手向上举起时，可以利用他的力量并且以猛拉的动作继续让其双手在头部上方尽可能向高处运动，同时下蹲和背部向其转向。
4. 双手继续向前向上牵拉，把对手背起来。
5. 伸直下蹲的双腿并且用骨盆将防守者的大腿向上顶，将对手越过自己而抛出。

样式Ⅴ：下蹲背负投。

进攻方的动作：

1. 抓住异名袖子和异名（同名）翻领。

图 1　双手背负投（Morote-Seoi-Nage）

2. 迫使对手向前失去平衡。

3. 继续向前向上牵拉防守者，迫使防守者用脚尖站立。

4. 后背转向防守者，快速下蹲，尽可能近地顶向对手。

5. 继续向前向下牵拉防守者，并且将对手越过自己而抛出。

作为背负投技术使用的有利条件，应该提及下列情况。

1. 对手向前运动，发动进攻，进而减轻将其向前失去平衡的可能性。

2. 对手向前倾身，进而减轻将其向前失去平衡的可能性。

3. 对手加大压力，试图推开，进而减轻将其向前失去平衡的可能性。

4. 对手从“非抓握”状态试图完成抓握，这便能够抓住实施攻击的手并进行进攻补充转向。

5. 在攻击被击退后，对手返回到初始状态，这也能够为进攻补充转向，以便完成背负投。

最有效的方法是背负投训练的各种战术方法。

危险性。这一战术训练方法希望运用有利的动态局面来实施投技，而该局面是随着防守方的防护动作后才出现的。这些防护动作利用下列技法之一的进攻开始来引起：

1. 大外落 O-Soto-Otoshi.
2. 大内刈 O-Uchi-Gari.
3. 小内扫 Ko-Uchi-Barai.
4. 足扫 Ashi-Barai.
5. 膝车 Hiza-Guruma.
6. 体落 Tai-Otoshi.
7. 向另一方向的背负投。

（请见图 2）

图 2　作为结束技法的抓握手臂上肩补充转向进行背负投的技术—战术体系

防守方对抗背负投（SEOI-NAGE）的防护动作，可为以此类技法来继续进攻而创造有利的动态局面，如：

1. 小内扫 Ko-Uchi-Barai.
2. 大外刈 O-Soto-Gari.
3. 大内刈 O-Uchi-Gari.
4. 背负投并改变进攻方向（向相对于开始时的相反方向）。
5. 背负投并改变进攻水平（下跪）。

（请见图 3）

图 3　作为成套动作准备充分技法的抓握手臂上肩补充转向进行背负投的技术—战术体系

体落（Tai-Otoshi）

无论其名称如何，这种按照日本分类的投技属于这样的投技，它们主要是通过双手的动作（TE-WAZA）来实施的。

的确，进攻之脚的作用只用于给对手造成障碍，这种障碍使对手无法恢复平衡。迫使防守方摔倒的失去平衡本身，是通过双手的作用来实施的（毫无疑问，此时也有其他肌肉组织在起作用）。

防守方为什么会摔倒？生物力学机制大致是这样的。试想一下，如果您在森林中行走，并且双肩上背着沉重的背囊，天色已经变黑，并且在道路上，在膝盖水平处出现了一棵被放倒的树木。如果您没有及时发现这棵树，那么您撞上了它并被绊了一下，按照惯力，背囊会继续向前运动，此时，躯体将向前倾斜，而恢复平衡的唯一办法是向前迈出一步，但障碍物并不允许人通过，其结果就是，向前跌倒。

在榻榻米上，起被放倒树木作用的是进攻方的拦截腿，而起着具有较大惯力的沉重背囊作用的是进攻方双手的力量。

技术描述。

进攻性抓握：标准（传统）的抓握是从肘部下方抓握住异名领子和异名袖子。

失去平衡（Kuzushi）：后退并从侧部转向对手，通过弯曲双手应可使对手向前失去平衡，迫使其脚尖着地。

完成投技（Kake）：与此同时，继续转身并且后背朝向对手，远腿下蹲，用伸直的第二条腿阻拦防守方的双腿，迫使其无法向前迈步。

继续身体的转身，同时双手不停向前拉伸，将对手从阻拦之腿上方抛出。

图 4　体落（Tai-Otoshi）

作为体落使用战术准备的是：

1. 大内刈 O-Uchi-Gari
2. 足扫 Ashi-Barai
3. 小内扫 Ko-Uchi-Barai
4. 小外刈 Ko-Soto-Gari
5. 内股 Uchi-Mata
6. 钓腰 Tsuri-Goshi
7. 扫钓 Harai-Tsuri

图 5　作为结束技法的以体落进行投技的技术—战术体系

同时，体落攻击的开始，即此时对手急于进行保护，可以为继续进攻并转入完成下列技法而创造有利局面：

1. 背负投
2. 大外刈
3. 小外扫 Ko-Soto-Barai
4. 小内扫 Ko-Uchi-Barai
5. 大内刈 O-Uchi-Gari
6. 体落 Tai-Otoshi

（在重复进攻时）

图 6　作为成套动作准备充分技法的以体落进行投技的技术—战术体系

大外刈（O-Soto-Gari）

进攻者的任务：迫使对手向后失去平衡，并且通过向旁边走开一步的方法不让其恢复平衡。最终的进攻阶段是击打对方的支撑腿。

总体重心的投影退出了支撑区域范围，并且支撑没有改变自己的状态。之后支撑区域消失，于是出现了栽倒。

图 7　大外刈（O-Soto-Gari）

完成大外刈的有利局面将准备完毕：

1. 足扫 Ashi-Barai
2. 小外扫 Ko-Soto-Barai
3. 钓腰 Tsuri-Goshi
4. 体落 Tai-Otoshi
5. 双足扫腰 Harai-Goshi
6. 扫钓 Harai-Tsuri

图8　作为结束技法的以大外刈进行投技的技术—战术体系

同时，如果对手得以进行防护，那么大外刈可为继续进攻创造有利局面：

1. 小外扫 Ko-Soto-Barai
2. 钓腰 Tsuri-Goshi
3. 巴投 Tomoe-Nage
4. 双足扫腰 Harai-Goshi
5. 背负投 Seoi-Nage
6. 内股 Uchi-Mata
7. 腰卷 Maki-Komi
8. 扫钓 Harai-Tsuri
9. 大外落 O-Soto-Otoshi

如果进攻之腿不失去与榻榻米的接触并且用作障碍，并且通过双腿的挪动而不让对手恢复平衡，那么主要通过双手和躯体的运动来实施对对手的摔击。在这种情况下，我们是与大外落（O-Soto-Otoshi）投技的技术来打交道。

图9　作为成套动作准备充分技法的以大外刈进行投技的技术—战术体系

大内刈（O-Uchi-Gari）

在正确使用该技法的情况下，对手将摔倒，因为对手在向后失去平衡后，站立在被攻击的腿上，并且该腿完全受到进攻方的控制，因此，对手无法恢复平衡。

进攻方动作的连续性为：

1. 抓住对手和服肘关节区域的异名袖子向下和异名领子。

2. 确定（或创造）时机，在此时对手伸出的那条腿为与被抓住领子同方向的那条腿。

3. 应该用异名小腿从内部阻拦对手伸出之腿（利用膝盖下弯曲部位保持紧密接触）。

4. 将抓住的这条腿拉向自己，同时用双手将其推离自己并将身体向被攻击之腿的方向倾斜，使对手向后栽倒。

图 10　大内刈（O-Uchi-Gari）

同时，大内刈攻击的开始，可引起防守方的此类防护反应，并且这些反应可完成攻击：

1. 小内扫 Ko-Uchi-Barai
2. 体落 Tai-Otoshi
3. 背负投 Seoi-Nage
4. 巴投 Tomoe-Nage
5. 内股 Uchi-Mata
6. 双足扫腰 Harai-Goshi
7. 扫钓 Harai-Tsuri

图 11 作为成套动作准备充分技法的以大内刈进行投技的技术—战术体系

在因第一阶段现实威胁而引起的防守者的防护动作后，将出现利用该技法而完成攻击的有利局面，这将包括：

1. 双足扫腰 Harai-Goshi
2. 内股 Uchi-Mata
3. 体落 Tai-Otoshi
4. 背负投 Seoi-Nage
5. 巴投 Tomoe-Nage
6. 钓腰 Tsuri-Goshi
7. 扫钓 Harai-Tsuri
8. 小内扫 Ko-Uchi-Barai

图 12　作为成套动作结束技法的以大内刈进行投技的技术—战术体系

单足扫腰（扫腰）（Harai-Goshi）

抓住异名袖子（在肘关节区域）和异名领子（领口、和服后背处）。

为了顺利完成该技法，进攻方应该：

1. 迫使对手向前失去平衡，将其重心向伸出之腿方向移动。
2. 转身背部朝向对手。
3. 用双手不停向前牵拉，利用伸出之腿的展臂运动向后击打对手的支撑腿。

通过向前移动整体重心（由于进攻方双手和躯体的力量）和消除支撑区域的方法（由于击打防守方的支撑腿）使防守方摔倒。

图 13　单足扫腰（Harai-Goshi）

为完成扫腰的有利局面将准备完毕：

1. 足扫 Ashi-Barai
2. 小外扫 Ko-Soto-Barai
3. 钓腰 Tsuri-Goshi
4. 大外落 O-Soto-Otoshi
5. 扫钓 Harai-Tsuri
6. 大内刈 O-Uchi-Gari
7. 小内扫 Ko-Uchi-Barai

图 14　作为成套动作结束技法的以单足扫腰进行投技的技术—战术体系

同时，如果对手得以进行防护，那么扫腰可为继续进攻创造有利局面：

1. 小外扫 Ko-Soto-Barai
2. 钓腰 Tsuri-Goshi
3. 大内刈 O-Uchi-Gari
4. 大外刈 O-Soto-Gari
5. 膝车 Hiza-Guruma
6. 扫钓 Harai-Tsuri

图 15 作为成套动作准备充分技法的以单足扫腰进行投技的技术—战术体系

内股（Uchi-Mata）

在实施这一技法时，通过腿向后上方的猛烈挥动，使对手丧失支撑区域，同时，双手向前下方的拉动、身体的主动倾斜并向自己支撑腿方向的转身，进攻方从内侧击打对手的这条腿（在大腿的内表面区域）。

进攻性抓握：异名手的袖子和异名领子、异名手的袖子和同名领子、异名手的袖子和领口、异名手的袖子和和服的背部。

进攻方的动作连续性：

1. 选定进攻性抓握。
2. 迫使防守者向前失去平衡，迫使他脚尖站立。
3. 用双手不停地向前牵拉，转身背部朝向防守方，以便让支撑腿处于与防守方双腿的一条线上。
4. 用空着的一条腿进行挥动，从内侧击打防守者的异名大腿，使其失去支撑。
5. 利用躯体朝向自己支撑腿方向的扭动转身，将对手从背上摔出。

图 16　内股（Uchi-Mata）

也有这样的样式，此时，在进攻之腿的挥动后，防守方并未完全失去与榻榻米的接触，并且极力通过自己支撑腿的向上跳来避免摔倒。在这种情况下，进攻方可进行向上跳（或数次向上跳），将自己的重心置于防守者之下，此时不停用双手向前牵拉并且躯体朝向自己支撑腿方向转身。此种样式被称为内股 Ken-ken-Uchi-Mata。

内股攻击完成的有利局面可人为地创造：

1. 体落 Tai-Otoshi
2. 双足扫腰 Harai-Goshi
3. 足扫 Ashi-Barai
4. 小内扫 Ko-Uchi-Barai
5. 大外落 O-Soto-Otoshi

6. 大内刈 O-Uchi-Gari

图 17　作为成套动作结束技法的以内股进行投技的技术—战术体系

同时，针对防守者对抗内股的防护动作，将用以下技法来完成进攻：

1. 小内扫 Ko-Uchi-Barai
2. 小外扫 Ko-Soto-Barai
3. 大内刈 O-Uchi-Gari
4. 体落 Tai-Otoshi
5. 巴投 Tomoe-Nage
6. 带取返 Sumi-Gaeshi

图 18　作为成套动作准备充分技法的以内股进行投技的技术—战术体系

巴投（Tomoe-Nage）

这是柔道技术中最有效的技法。对手完全脱离榻榻米、其高高飞起并从头部上空翻滚而过、在着地时猛烈撞击榻榻米（实际上，在正确完成时，总是背部着地），便是这种技术动作吸引自己的主要时刻。

抓住靠近肩关节的和服袖子，或者抓住领口（可以是不对称抓握样式：袖子－领子）。

为了顺利完成这一技术，进攻方应该迫使对手向前移动，以便在实施投技时使自己的力量减至最小。

1. 开始向前运动，将对手吸引向自己。

2. 用双手向下猛拉，使对手躬身并且引起防守方的回应式反应，即希望伸直腰。

3. 在防守者伸直腰的时刻，向对手方向迈出一步，下蹲，尽可以靠近其重心投影，同时用半弯曲之腿支撑其下腹。

4. 利用对手不停朝向自己向前牵拉，伸直该腿和使对手脱离榻榻米。

5. 双手继续牵拉，将对手从自己身上投过。

6. 向后翻一个跟头并转入向上状态。

(请见图 19)

在攻击开始后，将出现实施巴投的有利局面：

——足扫 Ashi-Barai；

——小外扫 Ko-Soto-Barai；

——小外刈 Ko-Soto-Gari；

此时，防守方的防护反应会造成两名柔道运动员之间的自由空间增大。

也可以利用单方抓握来实施巴投。

进攻方抓住肘关节区域和服的异名袖子和锁骨水平上的同名领子。

1. 向所抓住袖子方向迈出一步，处于防守方的侧方。

2. 在近腿上下蹲，用第二条腿的脚掌支撑防守方腹部的下部。

3. 继续用双手将其拉向自己一方，后背着地并且急剧伸直该腿，使防守方脱离榻榻米。

4. 将防守方从头上摔出。

5. 向后翻一个跟头并转入向上状态。

图 19　巴投（Tomoe-Nage）

带取返（Sumi-Gaeshi）

该投技与前面投技的区别在于，进攻方不是用伸直腿的脚掌来支撑防守方的腹部，以便将他越过自己而摔出，而是在膝关节处弯曲该腿并且将小腿伸进防守方的双腿之间。

为成功完成该技法，必须更多地在肘关节处弯曲双手。这是必须的动作，以便在投摔时防守方的头部低于骨盆。

在实施该投技时，单手向上抓住防守方后背腰带的方法最为有效。

图 20　带取返（Sumi-Gaeshi）

肩锁车“磨坊”（Kata-Guruma）

进攻方抓住防守方和服的异名领子或袖子。

利用猛拉使防守方失去平衡。

转身侧对防守方下蹲，迈出一步，尽可能靠近防守方重心的投影，并且和空着的一只手从内侧抓住同名大腿。双手不停牵拉，伸直双膝，使防守方脱离榻榻米。

在此之后，防守方便处于进攻方的肩膀上：

——进攻方扭转躯体朝向防守方头部方向；

——将对方朝自己的前部摔下，背部着地，使防守方的头部在自己身下。

这一技法的样式是“蹲式背负投”。此时，在进行抓握和防守方失去平衡后，进攻方在下蹲后利用空着的一只手从内侧牵引同名大腿。之后，利用双手的力量，将防守方的头部向下，举起其双腿，进攻方将对手越过肩部而摔出。

图 21　肩锁车“磨坊”（Kata-Guruma）

外腰卷（Soto-Maki-Komi）

这种技法只是在进攻方摔倒时才施行。

进攻方抓住防守方和服肘关节区域的异名袖子（或异名领子）。

利用猛拉使防守方向前失去平衡。

将空着的一只手向上举起，转身背部走向防守方。不停向前牵引，通过防守方的头部抱住空着的一只手，并且将已经抓住的那只手压在腋窝下。继续转身，转入后翻跟头——摔倒，并且将对手越过肩部摔出。

图 22　外腰卷（Soto-Maki-Komi）

手车（Te-Guruma）

该技法规定与防守方的紧密接触。启动距离是为了（紧紧地）完成进攻。

抓握的可能样式：从内侧抓握同名大腿和抓握异名手方向的和服背部（或者异名手下部，或者异名手上部）。

施行该技法的主要时机是尽可能近地靠近对手的重心投影，并且用躯体撞击并使其离开榻榻米。在使防守方失去支撑后，进攻方将防守方翻转头部朝下，将其摔出，背部朝下。

图 23　手车（Te-Guruma）

掬投（Sukui-Nage）

该技法规定与防守方的紧密接触。启动距离是为了（紧紧地）完成进攻。

抓握的可能样式：从外侧抓握异名大腿和抓握异名手方向的和服背部（或者异名手下部，或者异名手上部）。

施行该技法的主要时机是尽可能近地靠近对手的重心投影，并且用躯体撞击并使其离开榻榻米。在使防守方失去支撑后，进攻方将防守方翻转头部朝下，将其摔出，背部朝下。

图 24　掬投（Sukui-Nage）

后腰（Ushiro-Goshi）

这是进攻方转身背部朝向防守方时的通用反技法。在发现有进攻方转身背部朝向对手（向前猛扑时）有关的实施进攻动作的任何企图时，防守方：

1. 利用身体迎接进攻方的背部和骨盆。
2. 尽力保持平衡，通过躯体向后倾倒来均衡进攻方双手的牵引力。
3. 紧紧抱住进攻方的躯体，弯曲近腿（髋关节和膝关节），并且在支撑腿伸直后，用大腿将进攻方向上顶起。
4. 在失去与榻榻米的接触后，将对手摔倒，背部着地。

图 25　后腰（Ushiro-Goshi）

寝技（Ne-Waza）

在寝技方面，柔道的技术宝库极其丰富多彩。实践表明，在立技角斗中，只有通过投摔才能够获得纯粹的胜利。寝技使人能够通过三种原则上各不相同的方法来立即获得胜利，即固技、反关节技和绞技。

简短回顾往事。在19世纪末的日本，柔术流派多，但实际技术方法的数量开始超过理性范围。1886年，政府得出关于必须整顿业已成形的局面和确定柔术优先发展方向的结论。当时做出决定，在希望成为领先者的各流派之间进行比赛。其目的相当具体：选择出一个最为有效的体系，并且在其基础上按照统一的方法进一步实施传授。

根据帝国警察厅厅长的指示，每方各出15名大师实施团体赛。比赛结果设定为高于“一本”比分。在13场比赛中，嘉纳治五郎的学生获得了胜利，两场对决以平分而宣告结束。

在此应该指出的是，如果柔道创始人一方不使用战术手腕是无法获得成功的。由于知道对手很好地掌握有寝技，他坚持在实施比赛时，按照禁止使用这些技法的规则来实施。更为偏重的是立技，在这一方面，讲道馆的学生们明显更胜一筹。后来，这一措施（毫无疑问，它在柔道的命运中起到了积极作用）产生了消极影响。由于对寝技技术未引起足够的重视，这在与作为桑搏的代表苏联摔跤运动员进行的最初比赛中便表现出来，而且桑搏很好的制定出了许多反关节固技法。

因此，难怪说日本人是这样的民族，他们出色地效仿其他国家和民族的经验，每一次都带来具有民族特色的新东西。这一进程并不能称之为盲目复制。在这种情况下，这也不可能例外：在这一技术方面，现在已经没有日本柔道运动员过去所坚持的痕迹。

固技（Osaekomi-Waza）

柔道中的固技是一种状态，此时，进攻方控制着仰卧的对手，用胸部或侧部紧贴着对手。

固技：在寝技中达成胜利的强大手段。

抑制时间为25秒时，被判定获得纯粹胜利“一本”。抑制时间从10秒至14秒，判定为“效果”，从15秒至19秒为“有效”，从20秒到24秒为“技有”。

固技划分为侧方固、从上方固、上方固、横向固、头部方向固。

在比赛实践中最常遇到的是下列固技样式。

侧方固

袈裟固（Kesa-Gatame）

防守方处于仰卧状态。进攻方从侧方坐立，靠近防守方的近腿，朝向防守方的头部方向。进攻方以侧部紧贴防守者的胸部。抓住防守者的异名手。将第二只手伸进防守者的后脑勺下部并且将其头部贴紧自己。重要的是，让防守者的后脑勺不接触榻榻米（没有补充支撑点）。

图 26　袈裟固（Kesa-Gatame）

头固（Kashira-Gatame）

防守方处于仰卧状态。进攻方从侧方坐立，靠近防守方的近腿，朝向防守方的头部方向。进攻方以侧部紧贴防守者的胸部。用双手从远手的腋下抓住防守方的领口。用近手控制对手的第二只手（在靠近领口处抓住后背处的和服）。

（请见图 27）

图 27　头固（Kashira-Gatame）

肩锁固（Kata-Gatame）

防守方处于仰卧状态。进攻方从侧方坐立，靠近防守方的近腿，朝向防守方的头部方向。进攻方以侧部紧贴防守方的胸部。利用自己的后脑勺将防守方的近手贴紧同名肩部。将第二只手伸进防守方的后脑勺下部，将其头部贴紧自己。将自己的双手联合成一个结实的夹子。重要的是，让防守方的后脑勺不接触榻榻米（没有补充支撑点）。

图 28　肩锁固（Kata-Gatame）

头部方向固

上四方固（Kami-Shiho-Gatame）

进攻方处于防守方头部方向的上方。

将双手伸入防守方的后背下部，同时用腋下夹紧防守方的双手，抓住腰带并且完全控制防守方。

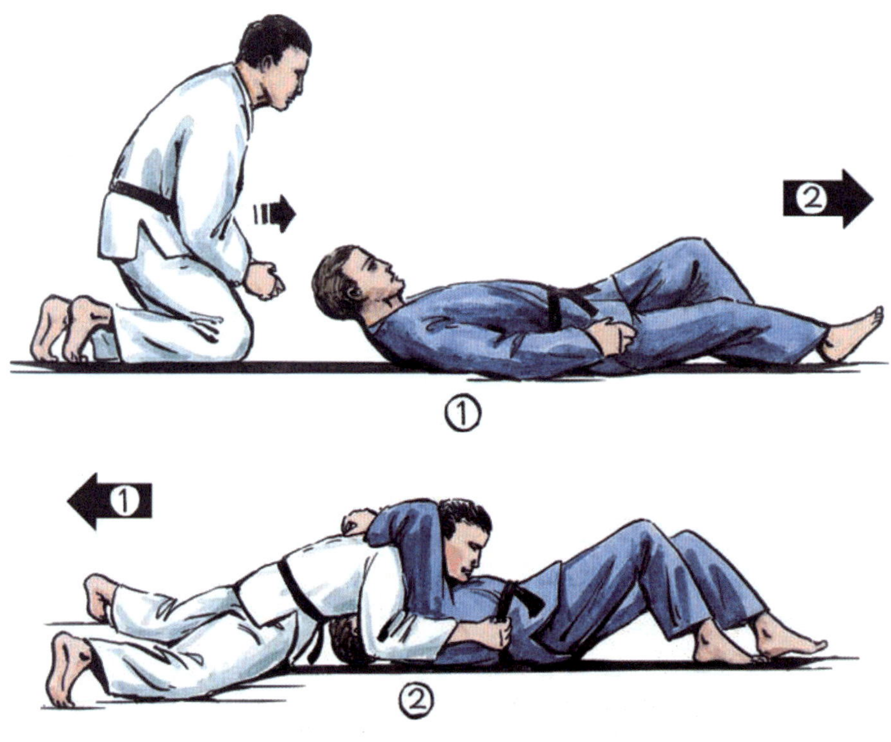

图 29　上四方固（Kami-Shiho-Gatame）

崩上四方固（Kuzure-Kami-Shiho-Gatame）

进攻方处于防守方头部方向的上方。将防守方的一只手紧贴其躯体，并且同时在后背部位抓住防守方的腰带。

利用第二只手的腋下控制防守方的另一只手，并且抓住和服的领口。完全控制防守方。

图 30　崩上四方固（Kuzure-Kami-Shiho-Gatame）

裹四方固（Ura-Shiho-Gatame ）

进攻方处于防守方头部方向的上方。将一只手伸入防守方的背后并且抓住腰带，同时用腋下夹紧防守方的同名手。控制防守方，不让其翻身腹部着地。

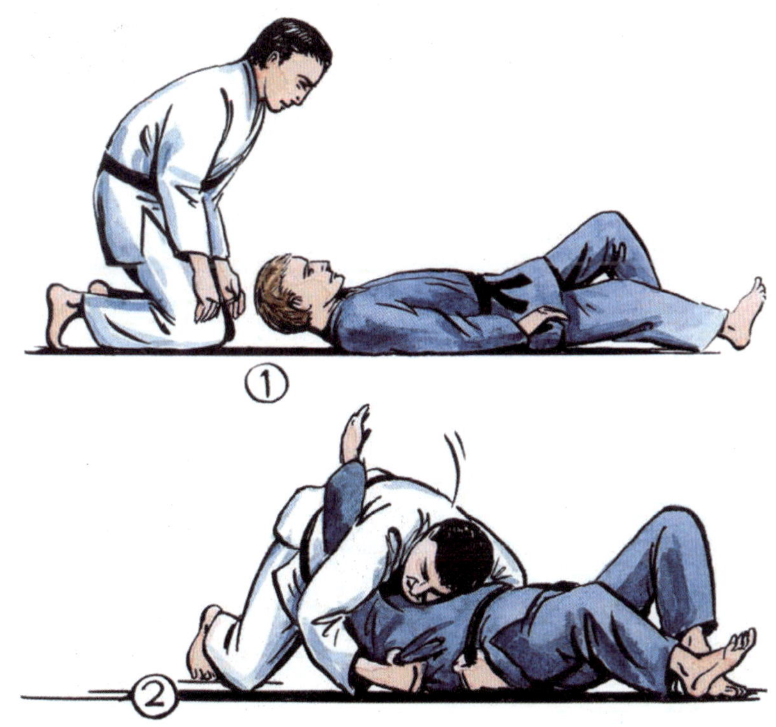

图 31　裹四方固（Ura-Shiho-Gatame ）

横向固

崩横四方固（Kuzure-Yoko-Shiho-Gatame）

防守方后背着地。进攻方在上方呈约90°角。抓住远手（同名手）。将第二只手放在防守方的两腿之间，并且尽量从后背方向抓住防守方后背上的腰带。控制防守方，不让其翻身腹部着地。

图32　崩横四方固（Kuzure-Yoko-Shiho-Gatame）

胸固（Mune-Gatame）

防守方后背着地。进攻方在上方呈约90°角。用双手抓住远手。控制防守方，不让其翻身腹部着地。

图33　胸固（Mune-Gatame）

横四方固（Yoko-Shiho-Gatame）

防守方后背着地。进攻方在上方呈约90°角。抓住防守方的头部。第二只手放在防守方的两腿之间并且尽量从后背方向抓住防守方后背上的腰带。控制防守方，不让其翻身腹部着地。

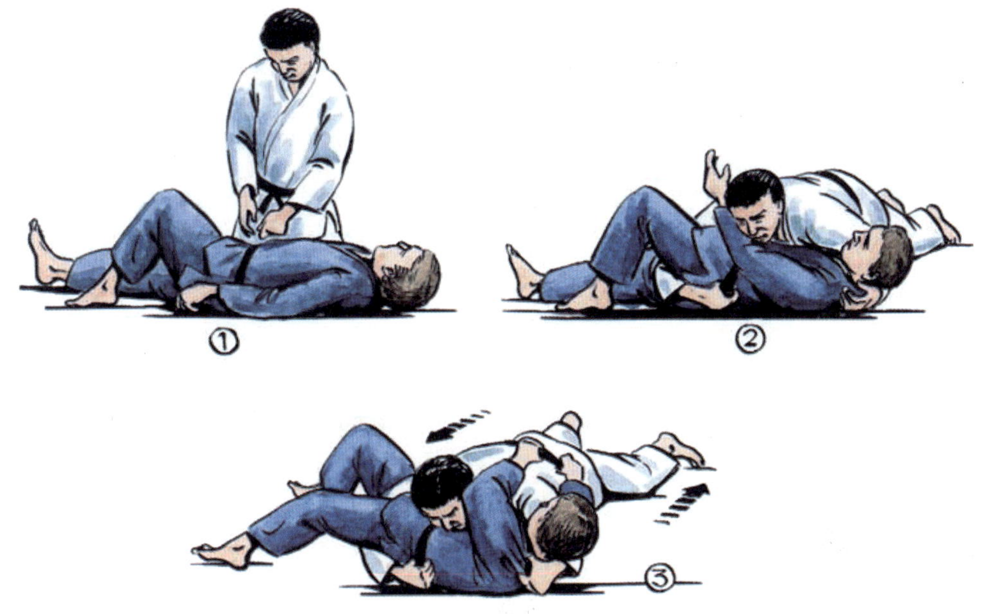

图 34　横四方固（Yoko-Shiho-Gatame）

各种抓握的上方固

纵三角固（Tate-Sankaku-Gatame）

防守方后背着地。进攻方在防守方的上方（面对面）。起重要作用的是双腿。在压紧大腿的同时，进攻方使防守方难于摆脱控制。抓住手连同防守方的头部。结实地紧贴防守方的胸部。控制防守方，不让其翻身腹部着地。

（请见图 35）

图 35　纵三角固（Tate-Sankaku-Gatame）

纵四方固（Tate-Shiho-Gatame）

防守方后背着地。进攻方在防守方的上方（面对面）。起重要作用的是双腿。在压紧大腿的同时，进攻方使防守方难于摆脱抑制。用一只手抓住防守方的头部。在此种抑制情况下，进攻方用空着的一条腿支撑榻榻米，利用榻榻米作为补充支撑。

结实地紧贴防守方的胸部。控制防守方，不让其翻身腹部着地。

在训练时，要极为注意的是摆脱抑制的技术。

可实施数种样式来从侧方摆脱抑制：

1. 用自己的双腿缠住防守方的一条腿（在这种情况下，抑制时间根据规则来停止）；

2. 用双手抱住对手的躯体，在腰部处进行下弯，将对手按照方向推向自己的头部并且将其拖过胸部；

3. 急剧抬起和放下伸直的双腿，转入下立状态并且本身转入抑制；

4. 用猛拉方法将已抓住的一只手拉向自己，同时推开对手的躯体，翻身腹部着地。

图 36 纵四方固（Tate-Shiho-Gatame）

在摆脱来自头部、上方、横向的抑制时，柔道运动员的主要任务是创造间隙（活动间隙），哪怕自己与对手之间的间隙不大，以便为转动创造条件，并且翻身腹部着地。达到这一点可用的是将对手推离自己的方法、任何允许的方法。

因此，在实施抑制时，重要的时刻是进攻方与防守方身体之间的紧密接触。

掌握摆脱固技技术的训练任务

1. 防守方让进攻方获得合适的抓握，

2. 在口令“比赛开始”后，防守方应尽可能快地摆脱控制。

完成该任务的时间应在 10—25 秒钟范围内，它符合评判的时间段。

补充胜利的是一个空间组成部分，即与榻榻米边缘的距离，退出到该边缘界限之外则停止控制。

反关节固（Kansetsu-Waza）

这一技术章节的名称不言而喻。对手被迫停止对抗并且由于肘关节部位剧烈并逐步加重的疼痛而认输。按照柔道的比赛规则，反关节固只允许对肘关节施加。

主要分为两种反关节影响机制。这便是“固”（杠杆）和“锁”（打结）。杠杆是一种旨在过度伸直关节的技术动作，也是旨在对抗肘关节部位手臂自然弯曲的用力。被攻击的手臂可以通过大腿、胸部、前臂而进行弯曲。

打结实际上是将肘关节部位弯曲的手臂进行转动（角度不小于90°）。

无法进一步对抗的信号是用手或脚屡次拍打榻榻米（沿着自己的身体或对手的身体），并且高声喊：“是”或“我认输”。其他的高声喊叫不是认输的信号。

在儿童比赛中，为了避免损伤，作为纯粹胜利的标志是在实施关节固技时手臂伸直的事实本身。

袈裟锁（Kesa-Garami）

从该关节固技开始，可以首先让初学者了解柔道的这一部分技术。

初始状态：进攻方从侧方以抓握近手和头部来实施抑制。

防守方试图摆脱抑制并解脱出被抓握的手。进攻方抓住近手的腕关节，将近腿的大腿引向肘关节之下。用躯体压制防守方的胸廓并且用手臂压制被抓住的腕关节，通过过度弯曲方法来产生肘关节的疼痛。为了增强效果，可轻轻地稍稍抬起压在下面的大腿。

如果防守者为了防护而不让伸直手臂，将其弯曲并将翻转，手掌向上，在这种情况下，进攻方可在稍稍抬起弯曲近腿膝盖的同时，用膝盖弯曲部位抓住对手的前臂并将躯体向前移动。发生肘关节的绑定（“锁”）。

在比赛实践中最常遇到的纯粹胜利来自“腕挫十字固”技法及其数量众多的变种。

图37　袈裟锁（Kesa-Garami）

腕挫十字固（Ude-Hishigi-Juji-Gatame）

在实施关节技法时最重要的时刻是快速进入起动位置，此时，防守方已经丧失了机动可能性，可完全控制防守者并迫使其只能进行防护。

这一技法完成阶段实施的起动状态：

1. 防守方仰卧；
2. 进攻方尽可能靠近地坐立（呈约 90°角）；
3. 抓住近手臂肘下的弯曲部位，用两条大腿压紧被抓住的这只手臂，将双腿放在防守方的胸部上；

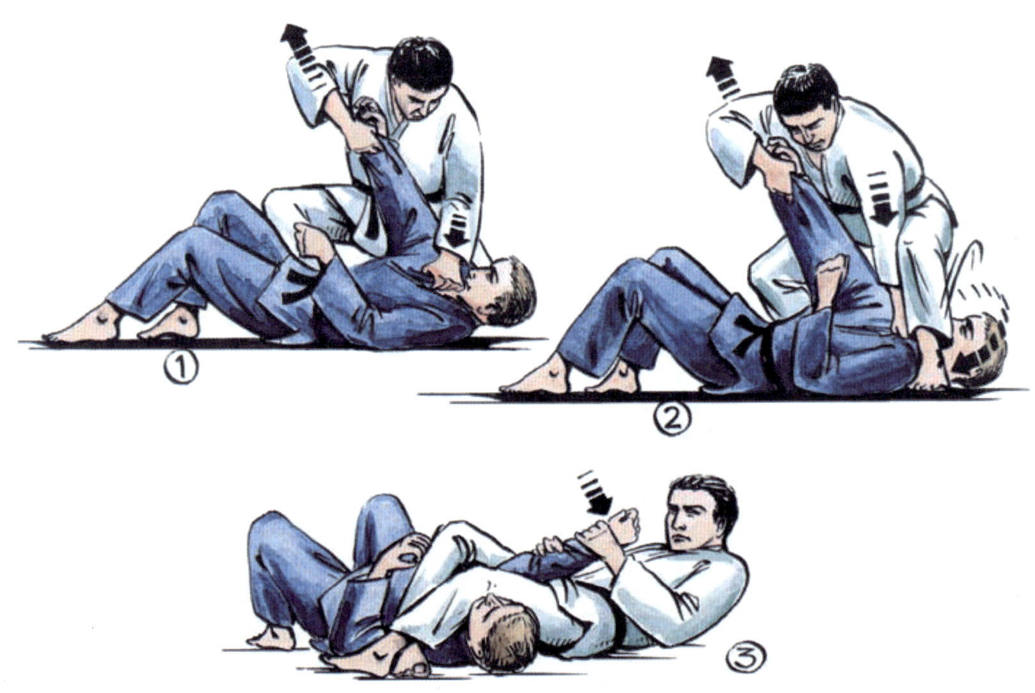

图 38　腕挫十字固（Ude-Hishigi-Juji-Gatame）

4. 伸直被抓住的这只手臂；
5. 向自然弯曲部位相反方向过度弯曲肘关节，引起剧烈疼痛并迫使对手认输。

我们将研究退出能够实施这一关节技法的方法。

方法 1　常用锁法（Othen-Garami）

初始状态：防守方俯卧，进攻方在上。

进攻方用双手抓住防守方的腰带并稍稍抬起，迫使其跪立。从肩部下面在肘关节弯曲部位抓住防守方同名手臂，通过防守方的头部来移动异名腿并用膝部弯曲部位来抓住其头部。向前翻滚，利用腿部的挥动来帮助自己，继而影响到防守方的头部，转入上面描述的初始状态。

图 39　常用锁法（Othen-Garami）

方法 2

初始状态：防守方俯卧，进攻方在上。

进攻方用双手抓住防守方的腰带并稍稍抬起，迫使其跪立。从肩部下面在肘关节弯曲部位抓住防守方同名手臂，通过防守方的头部来移动异名腿并向后坐，向后背方向转动对手。转入上面描述的初始状态。

方法 3　上腕挫十字固（Kami-Ude-Hishigi-Juji-Gatame）

初始状态：进攻方从上方实施抑制。

防守方试图摆脱抑制，推开进攻方，伸直双手。进攻方抓住一只手臂并通过防守方的头部来移动异名腿。夹紧被抓住的这只手臂，牢固地压紧大腿并使双膝相互交叉成十字。实施关节技法，即肘部锁定。

迫使对手相当困难地伸直该手臂。为了进行防护，对手将双手交叉在一起，抓住自己的和服或进攻方的和服，使出最大的力气，以免将被抓住这只手送给对方。

图 40　上腕挫十字固（Kami-Ude-Hishigi-Juji-Gatame）

中断抓握的方法。

应该注意以最小的力量和最大有效性克服对手抵抗的主要时刻。

1. 将自己的双手放置在尽可能靠近攻击之手臂腕关节的位置，借此来增强力量杠杆。

2. 让背部肌肉开始工作。

3. 在自己的对面积极使用双腿，以便使对手无法转身腹部朝地。

腕挫（Ude-Hishigi）

如果防守方牢固地交叉自己的双手，顽强抵抗并且不让对手能够伸直近手臂，那么在远手臂肘关节处实施关节技影响的样式便成为可能。（进攻方坐在防守方的右侧，抓住近手臂并试图将其伸直）

为此应该：

1. 将左手臂的前臂伸入对手远手臂的前臂下；

2. 用右手掌按压其肘部，将被攻击之手臂移向自己；

3. 在头部和左肩部之间固定被攻击手臂的手部；

4. 用两个前臂按压肘关节部位已伸直之手臂，实施关节固技法。

图 41　腕挫（Ude-Hishigi）

来自“进攻方从下方”状态的“固锁”

初始状态：进攻方仰卧，防守方从双腿方向试图转入抑制：

1. 进攻方抓住异名袖子；
2. 同时从内侧抓住异名大腿；
3. 转身，头部朝向所抓握腿；
4. 向同名肩部方向移动被抓握之手臂；
5. 腿部挥动，抓住防守方的头部并且推离自己进入起动位置，以便实施关节固技“十字固”。

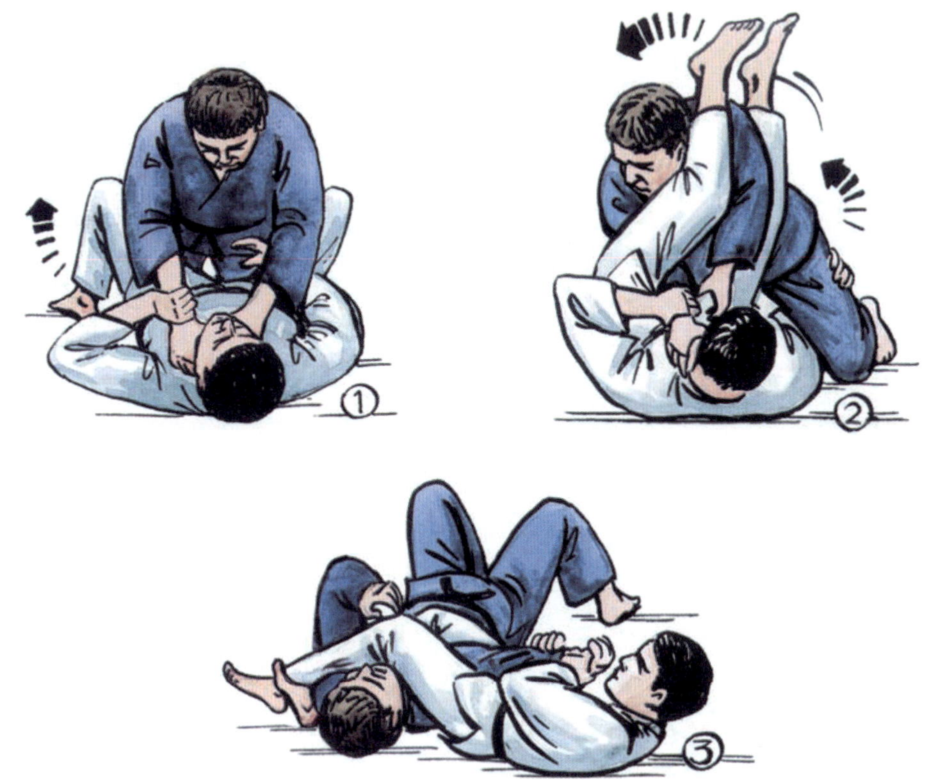

图 42　来自“进攻方从下方”状态的“固锁”

与实施立技技法时一样，拥有优势的是这样的柔道运动员，他们善于快速从实施一种技法转入实施另一种技法，这取决于搏斗过程中业已形成的局面。同时，在寝技搏斗时，这也有极重要的作用，因为在卧倒状态，可以利用三种方法来立即达到绝对胜利：抵制、关节固或绞技。与立技不同的是，在寝技搏斗中，防守方已经失去自由机动可能性，在利用防守方防护动作时，进攻方可分散对手的注意力，将其赶入预先设置的陷阱中，而这一陷阱是由卧姿搏斗的三种变种组成的。

在示意图 2 中，列举了可能技术—战术体系之一，这些体系将寝技搏斗时所有允许的柔道动作样式联合在一起。

示意图2　　寝技搏斗时技术—战术体系各样式

- **袈裟固** 抓住手和头部的侧位抑制
  - **肩锁固** 抓住头部与近手的侧位抑制（“锁固”）
  - **崩袈裟固** 从远手臂下部抓握近手臂和后背的侧位抑制
    - **送襟绞** 窒息技法，从后面抓住领口
    - **横四方固** 在两腿之间抓握头部和躯体的横向抑制
      - **纵四方固** 抓握头部的上方抑制
      - **上四方固** 用双手抓住腰带的从头部方向的抑制
  - **腕挫十字固** 关节固技法：在两脚间抓住一只手的肘杠杆

绞技（Shime-Waza）

绞技是柔道中达成绝对胜利的强大手段。

绞技是针对对手颈部区域的动作，其目的是通过引起窒息状态使对手丧失对抗的可能性。

可划分为两种窒息生理机制。

1. 呼吸窒息，此时，气管被过度挤压并停止向肺部流入空气。

2. 所谓的“血管”窒息，此时，颈部血管被过度挤压并停止向大脑流入富含氧气的血液。

一直实施到结束的绞技有可能引起失去知觉。

知觉的失去可由下列原因而引起：

1. 血氧过少：由于颈动脉被过度挤压，供应给大脑的血液中氧气含量减少。

2. 多碳酸血症：由于颈静脉和其他表面静脉被过度挤压，大脑血液中二氧化碳（CO_2）和 H_2CO_3 的含量增加。开始大脑积水。

3. 由于对颈动脉的机械性影响而出现反射作用。

4. 对迷走神经按压的反射作用。

5. 颈部肌肉本体感受器官的反射作用。

从运动生物力学角度讲，可用两种方法来实施绞技：夹紧和拉紧。夹紧是通过环形体（手部、前臂）对颈部施加影响来实施。拉紧是借助于和服（领子）来实施。

绞技“进攻方 Tori 与防守方 Uke 面对面”位置

逆十字绞（Gyaku-Juji-Jime）

初始状态：防守方仰卧，而进攻方在上方实施抑制。

防守方的防护动作引起抑制的停止（例如，进攻方的腿被缠上）。

进攻方在保持在上方位置的同时，将交叉成十字的手掌伸入防守方和服的领子下面，尽可能靠近颈部，实际上食指接触到耳部（手掌翻转朝向进攻方）。错开双肘，将对手拉向自己并翻转手掌背向自己，进攻方用手掌的侧面按压对手颈部的侧部表面并实施绞技。

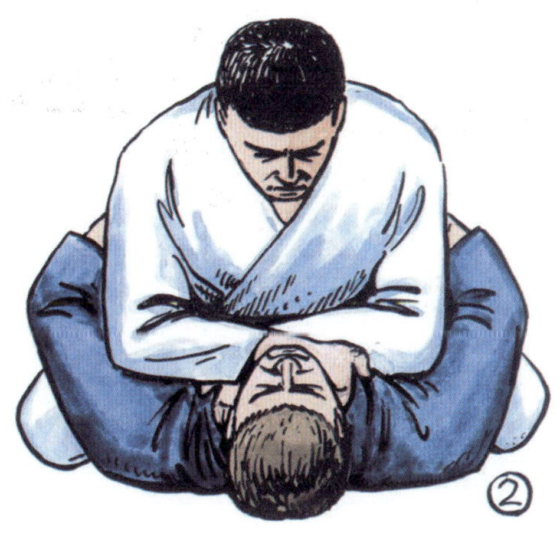

图 43 逆十字绞（Gyaku-Juji-Jime）

并十字绞（Nami-Juji-Jime）

图 44　并十字绞（Nami-Juji-Jime）

初始状态：防守方仰卧，而进攻方在上方实施抑制。

防守方的防护动作引起抑制的停止（例如，进攻方的腿被缠上）。

进攻方在保持在上方位置的同时，抓住防守方和服的同名领子，尽可能靠近颈部，实际上小指接触到耳部（手掌翻转朝向防守方）。错开双肘，将对手拉向自己并使双掌相互接近，进攻方用手掌的侧面按压对手颈部的侧部表面并实施绞技。

肩锁十字绞（Kata-Juji-Jime）

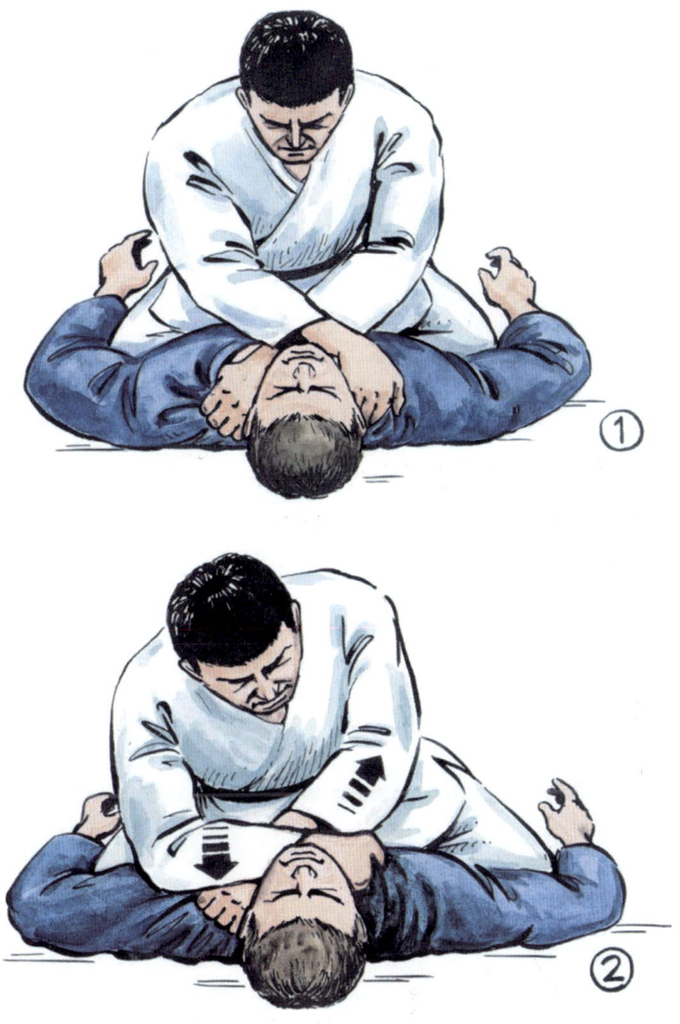

图 45　肩锁十字绞（Kata-Juji-Jime）

初始状态：防守方仰卧，而进攻方在上方实施抑制。

防守方的防护动作引起抑制的停止（例如，进攻方的腿被缠上）。

进攻方在保持在上方位置的同时，将交叉成十字的手掌伸入防守方和服的同名领子下面，尽可能靠近颈部，实际上手指接触到耳部（一个手掌翻转朝向进攻方，第二个手掌朝向防守方）。错开双肘，将下领子拉向自己，进攻方用手臂的前臂按压处于上方的颈部的前部表面并实施绞技。

绞技“进攻方 Tori 位于防守方 Uke 后面”位置

后绞（Ushiro-Jime）

图 46　后绞（UshiroJime）

初始状态：防守方俯卧，而进攻方位于上方。

进攻方用一只手臂稍稍抬起防守方的头部。在只固定前额时，将第二只手臂伸入防守方的下巴之下。将自己的双手挂住，在用胸部固定住对手后脑勺时，实施绞技。

图 47　片羽绞（Kata-Ha-Jime）

片羽绞（Kata-Ha-Jime）

初始状态：防守方俯卧，而进攻方位于上方。

进攻方将一只手臂伸入防守者下巴之下并且抓住和服的同名领子。将第二只手臂从对手同名腋下放在防守方的后脑勺上。按压对手的喉部，用前臂的反向运动来实施绞技。

裸绞（Hadaka-Jime）

初始状态：防守方俯卧，而进攻方位于上方。

进攻方将一只手臂伸入防守者下巴之下并且用自己的第二只手臂抓住肘部的弯曲部位。将第二只手臂的手掌放在防守方的后脑勺上。用前臂的反向运动按压对手的喉部，实施绞技。

图 48　裸绞（Hadaka-Jime）

袖车（Sode-Guruma）

初始状态：防守方俯卧，而进攻方位于上方或侧方。

进攻方将一只手臂伸入防守者下巴之下并且抓住同名领子（四个手指在和服下），将第二手臂放在防守方的后脑勺上并且抓住同一领子（大拇指在和服下）。将前臂交叉成十字，按压对手的喉部并实施绞技。

图 49　袖车（Sode-Guruma）

为了保证在抓握处实施有效的进攻，位于后脑勺下的手臂大拇指应与第二只手臂的小指相互接触。

在大部分情况下，在比赛实践中可获得绝对胜利的最有效技法是“抓住异名领子进行跳跃”绞技。

初始状态：防守方俯卧，而进攻方位于侧上方。

进攻方：

——抓住防守方的异名领子（尽可能靠近颈部）；

——拖拽防守方后脑勺的领子；

——借助于第二只手臂和躯体，不让防守方自由活动；

——开始向防守方头部方向运动（跑动），将已抓握的和服领子向自己方向拉紧。

其结果是，进攻方的移动超过防守方减轻颈部压力的能力，防守方被迫认输。

柔道比赛规则规定可在立技时使用绞技。通常，绞技都是在卧姿结束的。我们将研究以窒息对手而结束的三种立技进攻样式。

进攻方将一只手臂伸入防守者下巴之下并且抓住同名领子（四个手指在和服下），将第二手臂放在防守方的后脑勺上并且抓住同一领子（大拇指在和服下）。将前臂交叉

图 50　抓住异名领子进行跳跃

成十字，按压对手的喉部并实施绞技。

巴绞（Tomoe-jime）

绞技单手绞“剪刀”

进攻方抓住防守方和服的一侧领子。同名手臂放在上方（大拇指在和服下），异名手臂从下方（大拇指从和服的外侧）抓住领口。双手的手部应相互接触。在锁骨部位实施抓握。

进攻方利用双手的向下猛拉，迫使防守方俯身。在防守方头部下俯的时刻，稍稍抬起同名手臂，在不松开抓握的同时，将前臂放在后脑勺上。

将两个前臂交叉成十字，错开双肘。

为了加强压力和吸引防守方的注意力，可转入卧姿状态。例如，向同名手臂方向的侧向跌倒。

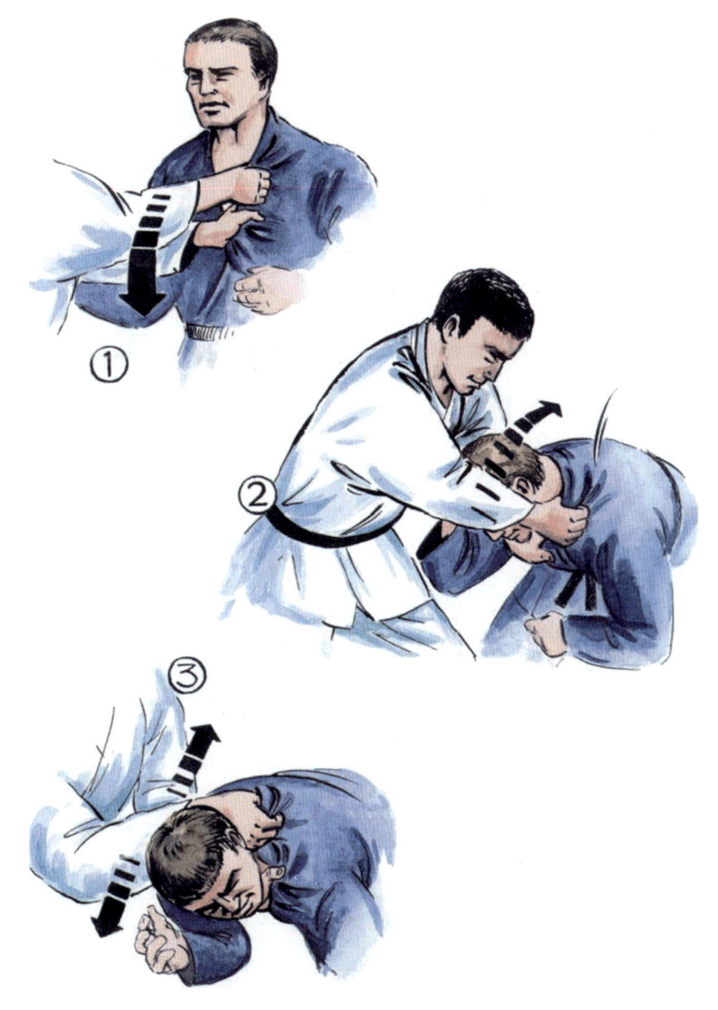

图 51　绞技单手绞“剪刀”

绞技双手绞“风车”

进攻方抓住防守方锁骨水平上的异名领子。

在不松开抓握的同时，向前迈出半步，以增加距离。

后背弯曲，沿着自己的纵轴完成旋转一整圈。此时，防守方和服领子开始拧紧防守方的颈部。

为了加强压力和吸引防守方的注意力，可转入卧姿状态。

技法的结束，通过在防守方颈部上手部压紧来进行调整。

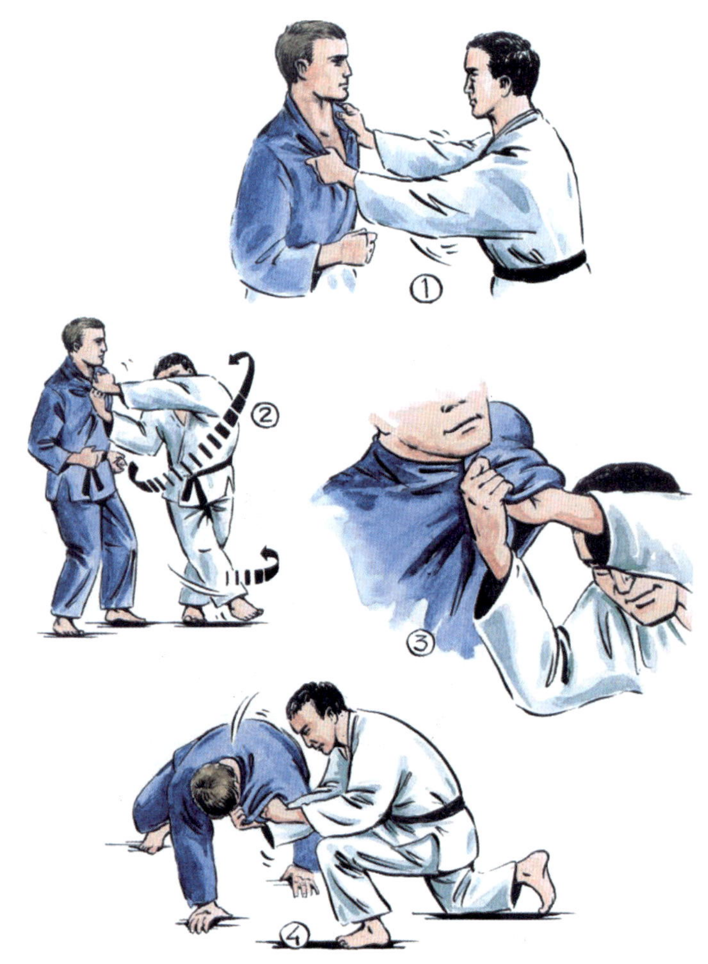

图 52　绞技双手绞“风车”

该技法另一种样式的区别在于初始抓握的不同。进攻方抓住防守方和服的同名领子。旋转是朝着处于下部手臂的方向来实施。

如果抓握位置高于锁骨，那么为了达成胜利，利用一次旋转便已经足够。如果得以在锁骨或较低位置完成抓握，那么为了完全拧紧防守方颈部的和服，进攻方就必须在完成第一次旋转后继续进行旋转。

前臂反向运动的绞技

进攻方用一只手臂在高于锁骨的位置抓住防守方和服的异名领子，用第二只手臂从内侧抓住领口（大拇指从和服的外侧）。

向已抓握领子方向，向防守方的侧向进行转身，使两只前臂尽可能靠在一起（对防守方的颈部施加压力）。

为了加强对防守者的压力和吸引其注意力，可转入跪撑姿势：利用向后跌倒、转身和转入由上向下的姿势。

甚至在未成功摆脱局面（攻击者未失去知觉，未投降）的情况下，所实施的所有三种站立窒息技法样式，都可保证在卧姿通过抑制方法为继续攻击创造最佳条件。

（见图 53）

图 53　前臂反向运动的绞技

讲道馆搏斗部分

自卫技术

柔道与柔术的主要区别是没有打击技术，没有这一点，在人的生命和身体面临威胁的条件下实施搏斗是难以想象的。即便如此，在创造体育新流派时，嘉纳治五郎并没有忽视柔道的实用意义。

如果没有系统性的自卫实用技术，那么讲道馆流派也不可能成为完整的和有生命力的流派。

传统的自卫技法体系（极致之法）（该体系的另一个名称为“真刀真剑之法”，即搏斗技法体系）被划分成两组技法。

第一组技法由跪立的同伴来完成。该组包括有 8 种技法。

第二组技法站立完成，包括有 12 种技法：

1. 双手解脱；
2. 从后面被抓袖子的解脱；
3. 拳头直接（朝向腹部、头部）打击的防卫；
4. 拳头从下向上（朝向下巴）打击的防卫；
5. 打击头部的防卫；
6. 从上向下砸击的防卫；
7. 脚部对会阴打击的防卫；
8. 从后面抱住躯干的解脱；
9. 匕首刺向腹部的防卫；
10. 持械（匕首、酒瓶）手从上向下打击的防卫；
11. 制止抽出刀剑的企图（在现代注解上为制止拔出手枪、左轮手枪的企图）；
12. 从上向下打击的防卫（长武器、棍棒等）。

柔道的武技便属于徒手格斗，但徒手格斗有效性的主要标准是简单和可靠。最小数量的简单运动且相应可解决业已成形的各种技法，可以形成自动技巧，这种技巧可在受到实际威胁的条件下有效发挥作用。因此，讲道馆柔道利用打击作为取自柔道运动技法的脱离和准备动作，及一系列技术动作。

肘关节的技法，即“肘杠杆”。在下列样式中，在腕固时反向压折肘关节：

1. 手掌按压肘关节；
2. 胸部按压；
3. 腋窝按压肘关节。

窒息技法：使用前臂，从后部抓紧衣领。

摔击：蹩（后脚绊）、越过肩，越过大腿。

乍看起来，对于不了解情况的人来说，这种简单技术动作从外表上看并不是很吸引人，但实际上是极其可靠的。并非偶然的是，这些技法在经过变形后，成为苏联特种勤务部门使用且经过多年作战实践检验的桑搏体系的基础。其领路人便是瓦西里·谢尔盖耶维奇·奥舍普科夫，他还是在小孩子的时候便进入讲道馆学习。艰苦的训练使他成为获得俄罗斯柔道大师黑腰带的第一人。在返回俄罗斯后，V.S.奥舍普科夫成为最卓越的柔道传播者之一，因为他知道，对于护法机关、侦察和安全勤务机关的工作人员来说，这一体育流派及其实用部分是多么的重要。

站立自卫技法

从前部双方被抓的解脱

初始状态：攻击者从上面抓住防守者的手腕。

防守者向后退步，将双手分向两侧，用一只脚打击会阴，并且在解脱被抓时，抓住攻击者的手腕，使他的手贴紧自己的前胸，在用腋窝夹紧肘关节的同时，实施疼痛技法。

图54　从前部双方被抓的解脱

从后面被抓袖子的解脱

初始状态：攻击者从后面抓住防守者的一边袖子。

防守者转向被抓手臂方向，用脚掌对攻击者的膝盖实施打击，并且在继续转身的同时，实施蹩摔。

拳头直接打击的防卫

初始状态：攻击者右手挥拳击向脸部。

样式1：防守者从攻击线转身避开的同时，抓住攻击者的手臂，将攻击者拉向前下方，转到后背方向并且从后面利用前臂使其窒息。

图 55　拳头直接打击的防卫（样式 1）

样式 2：防守者使用左前臂挡回攻击者手臂，抓住其手臂，并且在背部转向对手的同时，实施肩车（过肩摔）。

图 56　拳头直接打击的防卫（样式 2）

拳头打击下巴的防卫

初始状态：攻击者用拳头击向下巴。

防守者在避开打击的同时，向后倾斜身体。抓住攻击者的手臂，并且在继续手臂运动的同时，将其向上拉动。之后以急剧转身将被抓住的手臂拉向自己的前胸，并且在俯身的同时，实施肘关节的疼痛技法。

图 57　拳头打击下巴的防卫

从侧面打击头部的防卫

初始状态：攻击者从侧面击向脸部。

防守者在避开打击的同时，用前臂拦阻攻击的手臂，并且用另一只空手打击对手的太阳穴。在伸到攻击手臂下面的同时，抓住对手的背部及其另一只空手，并且实施过腿摔。

图 58　从侧面打击头部的防卫

从上向下砸击的防卫

攻击者左脚横跨一步，挥起右拳，并且在右脚前进一步的同时，从上部侧方实施打击。

防守者潜避躲开，转入攻击者的背部，抓住攻击者和服另一侧的领口并且实施窒息技法。

图 59　从上向下砸击的防卫

脚部对会阴直接打击的防卫

攻击者用右脚实施攻击。

防守者转身避开攻击路线，左侧转向对手。抓住攻击这只脚，将其向前方拉动，并且用近脚向对手支撑脚的膝盖或会阴实施回击。

图 60　脚部对会阴直接打击的防卫

从后面抱住躯干的解脱

攻击者位于背后，用双手抱住防守者的躯干。

防守者在下蹲的同时，将自己的双手分向两侧，使其松开。抓住攻击者的一只手，并且在抵住同名膝盖的同时，实施背摔。用一只手对倒地的对手实施打击。

图 61　从后面抱住躯干的解脱

匕首刺向腹部的防卫

攻击者用匕首刺向腹部。

防守者转身，在避开攻击路线的同时，用一只前臂拦阻打击，之后用同向的一只手抓住持械手，转入对手的背后，用空出的一只手抓住和服的领口。对肘关节实施疼痛技法，并且同时从后部用领口实施窒息。

图 62　匕首刺向腹部的防卫

持械手从上向下打击的防卫

攻击者从上向下进行打击（酒瓶、棍棒等）。

防守者用异名前臂拦阻攻击之手，用第二只手将攻击之手抓住，在将对手向前拉动的同时，将被抓住的手压向胸前。在向下俯身的同时，对肘关节实施疼痛技法。

柔道武技的其他方向是由川石树之助教授创立的流派。他还是在二战后便开始了自己的活动，对比利时和法国的柔道发展作出了巨大贡献。川石的老师是武德会的健将栗

图 63　持械手从上向下打击的防卫

原，该联合会与著名的讲道馆进行竞争。即便如此，关于这一种或那一种流派的自卫技法，都是在自己流派的基础上具备柔术的特点，积极使用打击技术。

1952 年，川石出版了一本名为《我的自卫方法》的书。

该书的第二部分完全讲述的是“搏斗术”，即用手指、手掌侧面、肘、膝盖、脚掌和头进行打击的技术。

在实战中，打击的意义是难以估价的。这种技术可在反击的开始阶段，用于减弱或引开对手，在主要阶段，是作为打开局面的手段，而在最终阶段用于实施致命的一击。下面为针对人体最敏感区域的各种强度打击作用有效性一览表。

表 2　人体的疼痛区域及打击对其作用程度

序号	疼痛区域名称	打击		
		轻度	中度	重度
1	太阳穴	3	4	5
2	眼睛	3	4	5
3	鼻子	2	3	4
4	颌骨	1	2	3
5	下巴	2	3	4
6	颈部侧面	2	3	4
7	喉头	3	4	5
8	肩膀	1	2	3
9	锁骨	1	2	3
10	腋窝	1	2	3

续表

序号	疼痛区域名称	打击		
		轻度	中度	重度
11	太阳丛	2	3	4—5
12	肋下部区域	2	3	4
13	腹股沟和会阴	3	4	5
14	二头肌	1	2	3
15	肘关节	1	2	3
16	前臂	1	2	3
17	手腕	1	2	3
18	手掌背面	1	2	3
19	手指	1	2	3
20	大腿	1	2	3
21	膝盖	2	3	4
22	小腿	2	3	4
23	踝	1	2	3
24	脚背	1	2	3
25	颅骨底部	3	4	5
26	颈部后面	2	3	4
27	第 7 颈椎	3	4	5
28	脊柱、胸部	2	3	4
29	尾骨	3	4	5
30	肾区域	2	3	4
31	膝盖下空穴	1	2	3
32	小腿肚肌肉	1	2	3
33	跟腱	1	2	3

数字 1—5 表示依据对上述区域施行这种或那种力量打击结果的疼痛作用程度。

1. 一级疼痛感。疼痛不强烈，但可以造成对手的慌乱和吸引其注意力。
2. 剧痛。造成更长时间的慌乱。
3. 尽管对手通常处于知觉状态，但疼痛使其惊呆并且引起组织麻木。
4. 临时瘫痪或失去知觉。
5. 严重损伤，失去知觉，可能致死。

在川石教授的经历中，也有有趣的事例。在抵达欧洲11年后的1946年春天，他与自己的学生一起组建了法国柔道与柔术联合会。之后为了结婚而返回祖国。在此之后他又来到了苏联和东德，在此度过了约两年时间，似乎，他与当地特种机关的代表进行了接触。1958年，东德著名专家霍尔斯特·沃尔夫出版了名为《柔道：自卫术》的一本书，在该书中再现了川石树之助提出的技术。也许，当时最专业化组织之一，即“斯塔西”的工作人员在自己的特种训练中都使用了这些技法。

在苏联和现在俄罗斯护法机关工作人员的特种身体训练实践中，也存在类似的徒手格斗技法。

掌握柔道运动部分基本投技的人，不难学会武技部分的技术。为了自卫，可积极使用背负投、内刈、脚绊、砍击和疼痛技法，在疼痛引开打击之后，这些技法的实施变得大为轻松。

任何一个国家特种机关的工作人员都在自己的业务工作中使用着解除罪犯武装、对其进行拘捕、搜查和押送的技法。基于这一特点，有时在没有武器，即徒手的情况下，也可以实施此类行动。

世界上很早便已了解桑搏的运动部分，即本国搏斗样式的技法。在数十个国家中建立有桑搏全国联合会，进行着为数众多的国际比赛，洲际和世界锦标赛。从事桑搏运动的还有妇女。

关于桑搏的搏斗部分，只是在不久前才揭开这种过去严格保密武器的神秘面纱。这是看不到的武器，但也是其一直掌握者手中的武器。许多年来，这种令人生畏的技术变得更加完美，它的主要标准就是简洁和可靠。搏斗桑搏的技法得到广泛应用，在大街和森林中，在白天和黑夜，在冬天和夏季。这里没有有效的跳跃和奇异的姿势、优雅的移动和仪式。从外表上看，这种场面并不太吸引人，但其最大程度地有效。

应该承认，搏斗桑搏的起源，除了学习过讲道馆柔道的瓦西里·谢尔盖耶维奇·奥舍普科夫外，还有一位独特的人。他的名字叫维克托·阿法纳西耶维奇·斯皮里多诺夫。他是俄军军官，曾参加过在满洲里进行的俄日战争，是军事实用体操的大专家，强壮而又敏捷，快速估价了柔术的优势。

在十月革命后的年代，斯皮里多诺夫参加了内务部机关工作人员作战训练体系的建立。1922年，领导国家安全局的F. E. 捷尔任斯基向肃反工作人员下达了时刻完善自己射击和体育训练的任务。这种素质不仅被列入保证所实施行动胜利的组成部分之列，甚至也在一定程度上，在危险局面下保证了肃反工作人员的生命安全。很快建立起来的“迪纳摩”体育协会在自己的队伍中便联合有肃反工作人员、边防军军人和警察。“迪纳摩”分部很快成为教授自卫技术、战术和方法研究的全苏中心。V. A. 斯皮里多诺夫不得不开始这种活动并且将其进一步组织好。他的深入研究也成为搏斗桑搏体系的基础。

搏斗桑搏流派

无论攻击的特点和内容如何，在抗击袭击时都存在着统一严密的行动计划。这一严密计划实际上就是一系列步骤的连续性，其中的每一步都要求解决具体的战术任务：

步骤 1　使对手攻击的损失最小化

步骤 2　利用吸引作用来夺取主动

步骤 3　将对手转入卧姿

步骤 4　施加最后的疼痛影响

根据局面，可能采取补充步骤：

步骤 5　解除对手的武装

步骤 6　对对手实施搜查

步骤 7　押送对手

我们将各步骤的内容加以展开。

步骤 1　任务：将在对手打击成功完成时的可能损失最小化。

如果对手实施打击（用双手、双脚或冷兵器），硬性阻挡和硬撑着均无法保证防御者的安全。最为有效的是避开其攻击路线，并且同时将攻击的肢端推向相反的方向。

避开攻击路线可以在两种样式中实施。

样式 1　对手用手（脚）实施打击。异名脚向前侧方迈出一步，将攻击之肢端推向对手，在利用前臂和手掌的同时，与攻击路线平行转身。

这样在最终状态，攻击之肢端位于对手之间。

样式 2　对手用手（脚）实施打击。同名脚向前侧方迈出一步，与攻击路线平行转身，在另一只脚向后挪开的同时，将攻击之肢端推离自己。

这样在最终状态，对手们将紧紧地靠在一起。

步骤 2　任务：实施疼痛吸引影响来夺取主动。

在避开攻击路线后，如果得以躲避严重的初次损伤并且保存有战斗力，就应该实施回击式吸引影响，最好是造成创伤的影响。

吸引影响的特点和形式取决于对手的相应位置、具身高体重对比关系、衣服的类型等。

从便于实施回击的角度讲，最为优先的是避开攻击路线的第二种样式，此时，对手仍完全处于针对打击实施的开放状态。

在这一姿势时，应该实施：

——使用空着这只手（第二只手监控攻击之肢端），用拳头打击脸部、胸骨、太阳从和会阴；

——用手指打击眼睛；

——用手掌底边打击下巴、鼻子、眼眉；

——用打开的手掌打击面颊、耳朵；

——用肘部从侧部打击颌骨、太阳穴，从下部打击下巴；

——用头部打击脸部、腹部；

——用脚打击会阴、腹部、头部（用脚掌的任何部位进行打击）；

——用膝盖打击会阴、胸骨、腹部；

——用脚的脚掌部分打击小腿、膝盖；

——用脚后跟从上向下打击脚背、脚趾头。

当攻击之肢端处于对手之间时（避开攻击路线的第一种样式），实施吸引式打击更为复杂。即便如此，也拥有数种有效方法。属于这些方法的是：

——用空着这只手的背面打击太阳穴、额头、鼻子；

——用肘部打击肋骨、太阳穴、颌骨；

——用头部打击脸部；

——用脚掌打击会阴、膝盖、小腿、脚背；

——用膝盖打击会阴、胸骨、太阳穴。

步骤 3　任务：将对手转入卧姿。

局面：对手用手实施打击。

在按照样式 1 避开攻击路线后，可能出现下列状态。

压手。抓住对手攻击之手。用大拇指头肚儿顶住对手手掌背面的中部。

将被抓住之手翻转手掌朝上，将其尽可能低地向下拉动，在用大拇指向下向外按压的同时，迫使对手因腕关节的剧烈疼痛而向后摔倒。

（见图 64）

图 64　压手

图 65　后脚绊

后脚绊。离对手较远一只脚迈进一步进入其脚后跟线。离对手较远一条腿微蹲，较近一条腿站在对手的脚后。用较近一只手的肘弯擒住颈部，在不让对手较近一只脚向后迈步的同时，突然向前倾斜自己的躯体，使其向后摔倒。

（见前页图 65）

向内手杠杆。用同名手抓住攻击之手的手腕，翻转手掌背向自己，用异名腋窝压住对手的肩膀。突然向前倾斜躯体，在反向弯曲手部的同时，用胸部压迫肘部。利用疼痛作用将对手处于脸部朝下状态。

抓头发打倒。用同名手抓住攻击之手的手腕，第二只手抓住对手头部的头发并且向着其脚后跟方向猛地向后拉，使其向后摔倒。

可能的困难。在无法抓住头发的情况下（短发、无发、戴帽子），应该在手掌（靠近对手的这只手）同时打击脸部（拇指朝下）的同时，抓住对手的脸部并进行推开—拉近运动，使其向后摔倒。

图 66　向内手杠杆

图 67　抓头发打倒

抓肩部衣服打倒。在避开攻击路线后继续向前运动，将胸部转向对手后背，抓住对手肩部衣服，并且在向后运动的同时，使对手向后摔倒。

可能的困难。如果无法抓住衣服，应该用双手抓住对手头部的头发或其脸部，在压迫其眼窝并且继续向后运动的同时，使对手向后摔倒。

抓喉部打倒。将靠近对手的一只手放置在后脑勺上，第二只手攻击其喉部，用手指压迫喉头软骨。使对手的头部向后仰，在双手相向运动的同时，使对手向后摔倒。

在按照第二种样式避开攻击路线时，将对手处于倒地状态（当对手们实际上处于紧贴状态时），可用下列方法实施。

过肩摔。用同名手在肘关节或稍高处抓住对手攻击之手臂。猛地将对手从平衡状态向前拉，迫使其脚尖着地。在膝盖稍微弯曲和下蹲的同时，转身背部朝向对手。用第二只手抓住对手攻击之手臂，将后背紧贴其前胸，在双腿伸直并且突然向前倾斜的同时，将对手越过自己而摔出。

图 68　抓肩部衣服打倒

图 69　抓喉部打倒

腿绊摔。用同名手在肘关节或稍高处抓住对手攻击之手臂。猛地将对手从平衡状态向前拉，迫使其脚尖着地。转身侧部朝向对手，在膝盖稍微弯曲和下蹲的同时，用空着这只手从双臂之下抓住对手之后背，在双腿伸直并且用骨盆顶住对手大腿的同时，利用双手的力量和躯干向被抓手臂方向的转动，使其向后摔倒。

后脚绊。离对手较远一只脚迈进一步插入其脚后跟线，用离对手较近一只手的肘弯抓住其颈部。用近站一只脚阻止对手向前运动，在突然向前倾斜躯体的同时，使对手向后摔倒。

（见图 70）

推脸打倒。用同名手控制对手攻击手臂之手，在空着一只手打击鼻子区域的同时，将对手头部向外向下推动并且使其向后摔倒。

（见图 71）

抓头打倒。用靠近对手的一只手抓住其头部的顶骨区域，另一只手抓住下巴。双手的手指背向自己。利用拧转运动将对手的头部向背向转动，同时将其向后摔倒。

（见图 72）

抓头发打倒。用异名手控制对手攻击手臂之手，用空着的一只手抓住对手后脑勺的头发，并且在继续朝着其空着一只手方向运动的同时，猛地使其向后摔倒。

可能的困难。在无法抓住头发的情况下，应该用手掌攻击对手的脸部，并且在将其头部向后拉动的同时，将其转入卧姿状态。

（见图 73）

步骤 4　任务：施加最后的创伤性影响，最终使对手丧失战斗力。

图 70　后脚绊

图 71　推脸打倒

图 72　抓头打倒

最后创伤性影响（致死）应该首先用双脚（脚后跟、脚尖、膝盖）实施，在特殊情况下用双手实施。这是因为，在向后摔倒时，双脚根据惯性继续向上的平移运动。如果此时被攻击者还保持清醒，他将应该尽力用脚对攻击者的头部实施打击。脚尖对太阳穴部位的打击最为危险，在攻击者倾斜的情况下，击中这一区域的可能性大为增加，此

图 73　抓头发打倒

时，攻击者试图用手臂对倒地的对手实施打击。

建议还是在对手未接触跌倒面之前准备实施致死打击，因为只有在无支撑的姿势跌倒时，人才不可能进行积极的对抗。感觉到支撑，尤其是在仰卧姿势时，可以出现继续积极对抗的启动信号。

根据相对于倒地对手的距离和位置，实施下列打击（见表3）：

表3

距离	在对手侧方位置	
远距	脚尖	肋骨
中距	脚后跟	肋骨、胸骨
近距	膝盖	肋骨、胸骨
	在头部方向位置	
远距	脚尖	太阳穴、头顶
中距	脚后跟	太阳穴、额骨
近距	膝盖	锁骨、胸骨

脚后跟（鞋后跟）的打击从上向下垂直实施。

脚尖的打击具有足球踢球的特点。

用膝盖进行创伤打击则利用攻击者全身重量突然下压对手胸廓的方法来实施。

如果在对手跌倒后攻击者仍处于倒下双脚方向的位置，用膝盖对会阴实施最后的打击。

步骤5　解除对手的武装。

在将对手处于倒地状态并且实施创伤性影响后，解除手持匕首对手的武装：

——打击持械手臂的手背（用拳头、拳头边、手掌边）；

——用手掌边向持械手臂小拇指（或者为大拇指方向，根据武器的握法而定）方向按压刀刃平面；

——压手，固定持械手臂的手腕。

还是在本世纪初，在《警察官员指南》、《自卫与擒拿》中强调，无论使用这种或那种技法，应该记住的是，人的身体健康高于一切，因此，只有在不得不面对危险犯罪分子和在您的生命面临威胁的情况下，才应该使用造成剧烈疼痛的技法。人们所面对武器的作用永远都是致死性的，或者是对于生命和身体是有威胁的。重要的是避免流血，并且不管自卫技法是多么地坚决，对于有时是醉酒者、有时是神经错乱者或一贫如洗者的生命来讲，这种技法都比武器的作用威胁更小。

不能不同意这些话语。不但如此，每个人都需要了解自卫技法和善于在各种局面下加以运用，但重要的是：在没有必要进行使用时，也应学会社会中的此种安全行为方法。

桑搏搏斗部分的基本技术

解除武装技法

对手用匕首从上部实施打击（匕首在右手）

样式1　“向内手杠杆”疼痛技法

1. 用右手前臂阻止对手持械手臂，同时左脚向前迈出一步避开攻击路线并且向对手方向转身。

2. 用右手在手腕关节处抓住对手的持械手臂，同时用脚对会阴（小腿）实施打击。

3. 右脚向右后方退步，将被抓住这只手向自己方向拉动并且对肘关节实施疼痛技法，用胸部反向压迫关节。

4. 利用剧烈疼痛迫使对手丢掉匕首。

图74　“向内手杠杆”疼痛技法

样式2　“从上手节”疼痛技法

1. 用左手前臂阻止对手持械手臂，同时左脚向前迈出一步避开攻击路线并且向对手方向转身。

2. 用自己的左手抓住持械手臂，用自己的右手从下部抓住持械手臂的肘部，同时用脚对会阴（小腿）实施打击。

3. 在双手突然运动的同时，将被抓住手臂的肘部向自己方向拉动，而用左手将被抓住手臂推离自己方向。

4. 右脚迈步至对手后部，并且实施后腿绊。

5. 利用扭转持械手臂肘关节和肩关节的方法迫使对手丢掉武器。

（见图75）

图75　“从上手节”疼痛技法

对手用匕首从下部实施打击（匕首在右手）

样式 1 “将手弯向后背”疼痛技法

1. 在左脚向前迈步的同时用自己的左前臂阻止持械手臂。

2. 避开攻击路线，转动躯干背向对手。

3. 用自己的右手抓住对手持械手臂的肘部，同时用脚对会阴（小腿）实施打击。

4. 在躯干向右转动的同时，突然用右手将肘部拉向自己方向，而左手推离自己方向，使手臂在肘关节处弯曲并且迫使对手将重心转移到右脚上。

5. 右手向前移动，将被抓住手臂的前臂放置在自己左手的肘弯曲处。

6. 用右手抓住头发（脸部）。

7. 对持械手臂的肘关节实施疼痛技法，将自己左肘部向上抬起并且将对手头部拉向自己方向。

8. 迫使对手丢掉武器和停止抵抗。

（见图 76）

图 76 “将手弯向后背”疼痛技法

样式2 “压手”疼痛技法

1. 在左脚向前迈步的同时用自己的左前臂阻止持械手臂。

2. 避开攻击路线，转动躯干背向对手。

3. 用自己的左手抓住对手持械手臂的腕关节。

4. 用右手拳头对持械手臂的手实施打击并且打掉匕首。

如果未能打掉匕首，则用脚对会阴（小腿）实施打击，用双手抓住持械手，使大拇指处于手掌的手背方向，突然将被抓住的这只手朝前臂方向弯曲；向左转动躯干并且向外转动被擒手臂，向左迈步将对手打倒在地并且用脚对头部或躯干实施打击，使其失去战斗力。

（见图77）

图77 “压手”疼痛技法

理论训练

就作为运动细分项目的单独搏斗而言，应该特别强调理论准备的重要性。根据多年的教学观察和对各级水平柔道运动员比赛活动进行分析，可以得出一个结论，与柔道运动员的身体和技术训练水平相比，理论训练水平，以及相应的战术训练水平明显落后。

不善于制定与早已知晓的对手进行单独搏斗的初步计划，缺乏在标准局面下实施行动积累的技能，担心在搏斗中形成或出现意外局面，所有这些都危害极大地表现在运动结果上，遏制了技能的增长。

与其他搏斗项目相比，柔道的区别是最大数量地允许技术行动。这首先要以各种复杂的局面为前提，这些局面可能出现在激烈对抗过程中。即便如此，从众多的局面中也可分解出在比赛对打时遇到的有限的一系列标准局面。这些局面可以建议在方法使用时作为模式任务，它可促进战术思维的发展和在快速多变的局面下采取合理行动的能力。

在人类活动的任何一个领域，个人所面临任务完成的成功与否，取决于其复杂程度。如果已知解决方法，则这种或那种任务的复杂性将减小，或者任务曾在何时完成过，则这可使任务的完成更加简单。在任何复杂性任务多次完成的情况下，则产生一种技能，它在已经成为无意识行动时，便将任务转换成简单等级任务。这一论点完全属于柔道典型的运动式任务。

从教学法上讲，应该在教学训练工作中使用问题特点的模式局面。模式局面的解决是在假定条件下进行的，即自己种类的游戏。这使训练过程多种多样，活跃训练内容并且提高教学的有效性。按照这一原则组织的工作任务：教授柔道运动员将专业理论知识和运动技能与比赛活动的要求进行对比。

局面任务正确完成的必要条件是柔道运动员必须拥有一定的知识量、技能和技巧、在比赛局面下战术技术行动的经验。

为此目的，应制定一个攻击发展的可能样式清单。

在攻击中划分为四个阶段。

1. 争取获得方便的攻击抓住位置

这一阶段可在各种条件下得以发展：

（1）在对付右侧站立的对手时；

（2）在对付左侧站立的对手时；

（3）在对手以机动避开抓住时；

（4）在对手阻挠抓住时；

（5）在对手阻拦抓住时；

（6）在对手以手下方式避开抓住并且试图反击时，等等。

2. 摔击准备。此时，完成的可能条件将是：

（1）对手向前运动；

（2）对手向后运动；

（3）对手向左运动；

（4）对手向右运动。

此外：

（1）对手可处于较低的站立姿势；

（2）对手可处于较高的站立姿势；

（3）在此种抓住时可试图进行攻击；

（4）这一攻击阶段可在“红色区域”内得到发展。

3. 摔击的实施。完成的条件也可以是各式各样的：

（1）在对手积极强烈抵抗时；

（2）在对手突然下蹲时；

（3）在对手以机动方式避开时；

（4）在对手以站立姿势进行反击时；

（5）在摔击后卧姿搏斗、对手反击时，等等。

4. 转入卧姿搏斗。完成的条件也可以是各式各样的：

（1）被攻击者俯卧，而攻击者在上面；

（2）被攻击者仰卧，而攻击者在上面；

（3）攻击者仰卧，而被攻击者在上面，跨坐；

（4）攻击者仰卧，而被攻击者在上面，在攻击者两脚之间；

（5）被攻击者俯卧，而攻击者在膝盖上面，朝向被攻击者头部，等等。

提高柔道运动员理论训练水平的途径之一便是将专业课程加入到教学训练过程中。这些课程的内容包括：

——在上面列举局面内行动样式的详细选择；

——柔道运动员准备在具体局面下自己行动的计划（书面形式）。

专业知识是可保证掌握高级技能的先决条件，当时，在有限时间条件下对业已成形的客观分析可再现推进式技能，而该技能可保证获得最大化的结果。

如何客观评价柔道运动员的技能

比赛活动的速记登记，可使人们获得关于柔道运动员技术潜力、其单独搏斗实施的机动、其比赛训练水平的优点与缺点的信息。

在搏斗中柔道运动员的所有行动都利用符号系统记录在专用记录本上，该符号反映出柔道运动员都实施了哪些技法，他获得了何种评价和处罚，其对手实施了何种行动，也记录有搏斗的时间参数。

速记记录的解码、所获数据的处理及其相应分析，可客观评价柔道运动员的技术战术训练水平。

在进行速记时，通常使用下列专用符号：

表 4

技法名称	代　　号
体落（前脚绊）	∠
大外落（后脚绊）	/
腰内股（从内部掀起）	Λx
双足扫腰（抓双脚掀起）	A
大内扫（用异名小腿从内部绊住）	Z
小外刈（用脚掌绊住）	b
小内挂（用同名小腿从内部绊住）	Zx
钓腰（过腿摔）	ɤ
单手背负投（抓手过肩背负投）	9
跳腰卷（抓手肩下背负投）	9
小内扫（从内部击倒）	изн内部
小外扫（脚后跟击倒）	ш脚后跟
足扫（侧向击倒）	б侧向
膝固（膝盖击倒）	к膝盖
浮落（猛拉失去平衡）	Bр猛拉

续表

技法名称	代　号
隅落（冲撞失去平衡）	B_{T}冲撞
巴投（摔击并且脚掌支撑腹部）	T
摔击并且小腿坐下	T_z
肩锁车（经过双肩的摔击“磨坊”）	$\overset{\times}{\uparrow}$
双手刈（抓住双脚的摔击）	⇑
抓住脚后跟的摔击	$\underline{\uparrow}$
抓住大腿的摔击	↑
抓住小腿的摔击	‡
里投（经过胸部的摔击）	ፆ
掬投（正面转身）	$\overset{П}{\uparrow}$
带落（侧向转身）	$\overset{6}{\uparrow}$
固技（抑制）	y
反关节固（疼痛技法）	$\underline{Y}$
绞技（窒息技法）	Ɣ

表 5

评　价		处　罚	
一本	Ⓧ (x)	指导	(sh)
技有	(wA)	注意	(ch)
有效	(Y)	警告	(kk)
效果	(K)	取消比赛资格	(H/m)

比赛活动的得分

在对评定运动员训练水平的技术战术指标进行分析的基础上，对柔道运动员的比赛行动给出得分。

1. “积极性”技术战术指标间接评定柔道运动员的运动性和实用性训练水平，并且反映在一分钟内的进攻行动次数上。

$$A=\frac{N}{t}\text{（每分钟进攻）}$$

式中，$N=n+n1$

N：柔道运动员进攻行动总数

n：得分的进攻行动次数

$n1$：柔道运动员实际进攻次数

t：搏斗时间

在分析一次搏斗、一次比赛范围完成的数次搏斗、一系列比赛中的数次搏斗时，积极性可被判得分。

例如，在一次搏斗中，柔道运动员实施了 4 次有效进攻（n）和 6 次实施了进攻（n1）。搏斗时间为 5 分钟（t）。

$$A=\frac{4+6}{5}=\frac{10}{5}=2\text{（每分钟进攻）}$$

这意味着，在一次搏斗的每 30 秒钟，柔道运动员都试图进攻。这是一个符合比赛规则要求的足够良好的指标，而比赛要求柔道运动员实施积极的进攻搏斗。

如果必须分析在一系列比赛赛程中柔道运动员的积极性，那么就应该将其所实施的进攻（得分和处罚）进行相加，并且确定搏斗的总时间。

例如，柔道运动员进行了 5 场比赛，其中两场提前结束。搏斗总时间为 18 分钟 15 秒。得分次数为 12 次，实际进攻次数为 28 次。

$$\text{此时，}A=\frac{12+28}{18.25}=\frac{40}{18.25}=2.2\text{（每分钟进攻）}$$

可作为模块式数值的是柔道运动员在搏斗中等于 3 的“积极性”。也就是说，每 20 秒钟，柔道运动员都应进攻。

2. 评定柔道运动员进攻有效性的“进攻行动可靠性”技术战术指标根据下面的公式确定：

$$Ha=\frac{n}{N}\times 100\ (\%)$$

我们使用在上面例子中的那些数值。

在一次搏斗中进攻行动的可靠性：

$$Ha=\frac{4}{4+6}\times 100\%=\frac{4}{10}\times 100\%=0.4\times 100\%=40\%$$

这意味着，在所实施的 10 次进攻中，柔道运动员有 4 次被判得分。

在一系列比赛时进攻行动的可靠性为：

$$Ha=\frac{12}{12+28}\times100\% =\frac{12}{40}\times100\% =0.3\times100\% =30\%$$

这一指标数值表明，在所实施的10次进攻中，有3次进攻是有效的。

可作为模块式数值的是柔道运动员在一次搏斗时等于50%（柔道运动员的10次进攻中，有5次应被判得分）的“进攻行动可靠性”指标，也就是说，在柔道运动员每两次进攻中，都有一次应该是有效的。

3. “结果性”技术战术指标决定着其进攻行动的质量。换句话说，这是柔道运动员进攻行动的平均得分。

尽管柔道中的得分不进行总和相加（得分质量被认为是主要的），可以假定认为，纯粹的胜利，也就是“一本”得分相当于约定的10分，“技有”得分为7分，“有效”得分为5分，“效果”得分为3分。在知道柔道运动员所获得分次数及其质量的情况下，可以计算出其平均数值或者是“结果性”：

$$P=\frac{10\times I+7\times WA+5\times Y+3\times K}{n}$$

I：“一本”得分次数，WA：“技有”得分次数，

Y：“有效”得分次数，K：“效果”得分次数。

例如，比赛参加者的12次得分行动分别为2个“一本”得分、3个“技有”得分、5个“有效”得分和2个“效果”得分。将这些数值代入公式中，便可获得：

$$P=\frac{10\times2+7\times3+5\times5+3\times2}{12}=\frac{72}{12}=6$$

这样，这名柔道运动员进攻行动的平均得分“多于‘有效’”。

建议单独计算“站立姿势结果性”和“卧姿搏斗结果性”的技术战术指标。

为了达到较高的运动结果，应该极力使站立姿势进攻行动的平均得分接近于7（“技有”得分）。“卧姿搏斗结果性”应定位于“一本”得分。

4. “防卫可靠性”技术战术指标是评价柔道运动员对抗进攻行动的能力。

按照公式确定：

$$Hз=\frac{N_{np}-n_{np}}{n_{np}}\times100\%$$

式中，$n_{пр}$：柔道运动员输掉得分次数，

$N_{пр}$：对手（对手们）进攻行动总数。

这样，（$N_{пр}-n_{пр}$）就是被击退进攻的次数。

可认定为模块式指标的是等于100%的“防卫可靠性”指标。

5. “密切配合”技术战术指标是评价柔道运动员的能力，即为了在搏斗中取得胜利而利用复杂技术战术行动、不中断已开始的进攻、卧姿搏斗中继续使用站立姿势时已开始的进攻。

指标的数量数值根据公式确定：

$$K = \frac{k}{N} \times 100\ (\%)$$

例如，在所进行的 5 次比赛中，柔道运动员在 40 次的得分和未得分进攻行动（N）中，进行了 16 次成套动作（从一种技法转入另一种技法）和成串动作（在卧姿搏斗时继续进攻）（k）。此时，将数值代入公式中，便可获得：

$$K = \frac{16}{40} \times 100\% = 0.4 \times 100\% = 40\%$$

这意味着，在 10 次进攻中，柔道运动员有 4 次实施了成套动作和成串动作。可认定为模块式指标超过 50% 的“密切配合”指标，也就是说，在每两次进攻中，都有一次在实施时，应使用复杂的技术战术技法。

6. “变异性”技术—战术指标是评价柔道运动员所掌握的技术潜力多样性。该指标由柔道运动员试图实施的技术—战术行动的专业级别数量来确定，即“总数变异性”（Bo），以及由被判得分的技术—战术行动专业级别数量来确定，即“有效变异性”（Bэ）。

例如，组成 40 次进攻（得分和未得分）的是数次前脚绊、一次后脚绊、数次从内部掀起、脚掌绊住和小腿绊住、抓双脚摔击、前面击倒、阻拦、窒息技法和疼痛技法。

此时，组成柔道运动员技术“总数变异性”的是：站立姿势为 6 种（各种专业级别的技法：脚绊、击倒、绊住、掀起、双脚摔击），而卧姿为 3 种（阻拦、窒息技法和疼痛技法）。

被判得分的是前脚绊、从内部掀起、脚掌绊住、阻拦。此时，组成柔道运动员技术“有效变异性”的是：站立姿势为 3 种（各种专业级别的技法），而卧姿为 1 种。

柔道运动员展示的技术多样性越多，组成搏斗实施各种战术样式的可能性就越大。

如何保持自己的体重等级或者转入其他等级

现在进行柔道比赛时，男子的体重等级为 60 公斤、66 公斤、73 公斤、81 公斤、90 公斤、100 公斤以下级和 100 公斤以上级。女子的体重等级为 48 公斤、52 公斤、57 公斤、63 公斤、70 公斤、78 公斤以下级和 78 公斤以上级。此外，也举行无差别级比赛，理论上任何体重的参加者都可参加。

为了人为地调节身体重量，简单地说，就是为了“减少体重”，有两种方法。第一种为短期方法（1—2 天）或加快方法，第二种为分散方法，时间可从一周延长至四周。

此外，还可以使用与这两种方法相应的变通方法。

1. 均匀方法。柔道运动员在减少体重的整个阶段内，每天减少等量的体重（各 500 克、750 克、1 公斤等）。

2. 突击方法。在最初两天内，柔道运动员减少 50% 的多余体重。之后每天减少体重的百分比逐步减小。

3. 逐步增加方法。在减少的最后一日前增加所减少体重的数量。

4. 间隔多次突击方法。在 2—4 天内加快减少 1—3 公斤，之后将达到的水平保持数天时间，之后再重复这一周期。

5. 波浪式方法。在长期的减少体重的过程中，划分出体重未大量增加的短期阶段。

如果必须降低 10% 的体重，经常采用均匀方法和逐步积累方法。如果必须降低更多，则采用加快—分散方法、间隔多次突击方法、波浪式方法。

降低体重的手段有紧张的训练（越野赛、球类运动）、减重服装、俄罗斯蒸气浴、桑拿、规定的饮食。

加快减少体重对柔道运动员身体是较大的负荷，证明这一点的是血液成分的生物化学变化。在身体脱水阶段的训练中，这些变化进行相加，并且工作效率大为降低。在这种条件下，甚至平均负荷都将是过分的。其后果是训练的运动量过大、效果降低、伤病。

在加快降低体重阶段训练负荷的数值，应与水矿物质交换的代偿失调呈反比关系。应该并行减少比赛起点次数。

在逐步降低体重时，可以利用大量、高强度负荷。

柔道运动员合理饮食细则

任何柔道运动员训练和比赛活动的成功与否，在很大程度上取决于他的饮食正确与否。较大的身体负荷要求有完全相符的能量保障。此外，大量出汗、跌倒时可能的碰伤、皮肤的磨伤、小损伤，这些都是任何单独搏斗无法避免的，都需要对饮食成分予以特别关注，以便加快愈合和恢复过程。

仅拥有丰富的食品是不够的，必须掌握食品的营养价值、正确的饮食制度、保证食品质量优良的卫生要求等众多知识。

体育中的饮食问题已经得到相当好的研究，可以给出有科学依据的建议。

蛋白质

动物身体的主要部分是由蛋白质组成的，它们组成了所有的细胞、组织和器官。身体内的细胞和组织成长过程需要蛋白质。并非偶然的是，它们也被称为简朊，希腊语的意思是“第一的”，或“主要的”。因此，在饮食中，蛋白质是完全必需的和不可代替的部分。蛋白质也可形成对身体生命活力非常重要的酶和荷尔蒙。

蛋白质包含有氮并且在分解时形成各种氨基酸。食物蛋白质不能直接由身体吸收。在消化过程中，蛋白质经过复杂的分解过程，直至形成氨基酸，而氨基酸被吸收到血液中并且以这种形式由身体各细胞使用。

依据氨基酸的构成，食物蛋白质划分成完全蛋白质和非完全蛋白质。完全蛋白质包含有身体所必需的基本氨基酸（约达12个）。这主要是动物蛋白质和部分植物蛋白质。蛋白质缺乏特别突出地体现在年轻且正在生长的身体上。

半数以上的蛋白质应该是动物蛋白质。对于运动员来说，最有价值的是奶类、肉类、鱼类、蛋类的蛋白质。在植物食品中，最有价值的蛋白质包含在部分米粒中，即荞麦、大米、燕麦、豆类的颗粒，特别是大豆和蔬菜、土豆中。

当食物中包含有各种氨基酸成分的蛋白质时，它可满足人体的需要。此类饭菜，如荞麦奶粥，是将蛋白质成功结合的实例。荞麦粒中没有的氨基酸由奶类中的氨基酸来补充。

专业运动员需要大量的蛋白质，他们需要快速集中大量的力量来进行强烈运动和快速反应。柔道运动员每公斤体重每天需要2.4—2.5克的蛋白质。

脂肪

脂肪与蛋白质结合形成细胞结构，用作热量来源，保护身体避免过多损失热量，向身体提供部分维生素，并补充水源，它们保护着器官避免机械损伤和保持工作能力，这对于运动员来讲特别重要。

在人的身体中，动物脂肪是在食物中剩余时储存起来的。如食物包含有剩余数量的碳水化合物，为了形成脂肪，部分使用碳水化合物和蛋白质。

许多动物脂肪包含有维生素。脂肪对于身体吸收其他食品中的维生素也起到重要作用。鱼类脂肪富含维生素。植物的脂肪尽管有较高的吸收性和热值，但没有维生素。

近些年的研究特别指出了植物油的重要作用，它们包含有身体为进行脂肪代谢和肝脏正常工作所需的一系列酸。

在鱼类罐头（黍鲱、沙丁鱼、大西洋鳕鱼）、蔬菜罐头（西葫芦酱、番茄酱）、沙拉子油中，都有大量的植物油。奶类脂肪、蛋黄脂肪及组织脂肪（肝脏、骨髓）都包含有维生素。奶类中的脂肪富含维生素（特别是夏天），并且容易被身体吸收。

运动员对脂肪的需求量为每天100—120克，其中80%的脂肪应为动物脂肪。根据这一标准，奶类脂肪的份额应约为90%（奶油和炼过的油包含有84%—95%的脂肪，酸奶油为23.5%，凝乳为20%）。

在柔道运动员每天的份粮中，必须加入奶类和奶制品（酸牛奶、凝乳、奶渣）。

碳水化合物

人身体能量的主要来源便是碳水化合物。它们是肌肉活动、保持身体温度、实施身体内各种内部过程所必需的。在食物进入身体时，它们进行分解，从而形成糖（葡萄糖），而糖迅速被吸收并且随着血液传送到所有的器官和系统。在细胞中，葡萄糖向细胞提供所需的能量。多余的糖储备起来（即所谓的仓库），主要储在肝脏和肌肉中，其余的储备在所有组织和细胞中（神经细胞除外）。这种储备在活动加强阶段被消耗掉。与蛋白质和脂肪相比，碳水化合物能更快地得到分解，并且在必要情况下迅速从仓库——从肝脏和肌肉中提取。

碳水化合物的来源主要是植物食品：糖、白面包、通心粉制品、土豆、米粒、豌豆、四季豆、水果、巧克力糖、葡萄干、蜂蜜、蜜饯、果酱等。通常在人的规定份粮中，碳水化合物占有约三分之二。在1克碳水化合物分解时，身体可获得4.1大卡热量。

在训练和比赛阶段，对于运动员来讲具有较大实际意义的是糖和其他容易吸收的碳水化合物。

当进入身体的碳水化合物未被充分利用时，其中的一部分以脂肪的形式进行储备。在规定份粮中碳水化合物不足时，脂肪进行分解并且对此种不足进行补偿。对于运动员来讲，每天对碳水化合物的需求量为600—700克。在这一数量中，糖（糖、糖果、果酱、葡萄干、水果）的份额应占约35%，而其他65%为面包、土豆、通心粉制品、豌豆、四季豆等的份额。

我们经常可以观察到，有些运动员每天食用大量的糖，这并没有科学依据。糖不仅是食品，也是神经系统和一系列内分泌腺的兴奋剂。大量吃糖可引起血液中糖含量的增加。在一次食用超过150克的糖时，其中的一部分随尿排出体外。只有在运动开始前和长时间运动之后，才可以一次食用大量的糖。

身体中碳水化合物的储量为300—400克，而在高训练量运动员的身体中达500克。在激烈体育活动时，每小时的碳水化合物消耗量约为150克。这样，在3—4个小时运动课程结束后，身体中的碳水化合物储量将被消耗完毕，此时，工作能力开始迅速降低，运动员有时难以完成最后的训练或者比赛。

维生素

维生素可提高病原微生物的抵抗力，改善工作能力，促进身体的正常代谢。饮食中维生素的缺乏可引起特殊的疾病，即众所周知的维生素缺乏症疾病。

对于柔道运动员来讲，具有重要意义的是维生素 A，还有 B、C、D、P、K、PP、E 族维生素等。

维生素 A 被认为是生长刺激剂和美丽维生素，也是抵抗力维生素，没有它，柔道运动员将面临着生病的风险。

维生素 A 对视力起着极重要的作用。在身体受到损伤时，维生素 A 可加快皮肤的愈合与上皮的形成。这种维生素只存在于动物食品中：奶油、蛋黄、肝脏、肉、大西洋鳕鱼、鲈鲉中。在人的机体中，它也由所谓的胡萝卜素的物质形成，而胡萝卜素的来源是胡萝卜、红辣椒、生葱、西红柿、菠菜、莴苣、杏、桃、橘、橙子。重要的是要知道，维生素 A 可溶解在脂肪中，因此，为了更好地吸收，应该尽量使它们存在于由富含这些维生素的食品制作的饭菜中。

维生素 E 与肌肉新陈代谢有关。肌肉对维生素 E 的缺乏特别敏感。维生素 E 存在于许多食品中，但只是植物食品，并且特别在数量不多的食品中（禾本科植物的胚芽，非精炼植物油，蛋黄和莴苣叶）。

含有维生素 E 最多的是荨麻，其汁液具有造血功能，排在其后的应该是玉米、芦笋和芹菜。

维生素 D（维生素 D2）负责调节骨骼中钙和磷的沉淀。各种风湿性不舒服（背疼、腰疼）都可能是这种维生素缺乏的信号。提供最多维生素 D 的是海鱼（鲑鳟鱼、鲭鱼、八目鳗）。

在这一方面，最好的食物是大西洋鳕鱼的肝脏和鲱鱼。此外，维生素 D 是太阳辐射皮肤在人的机体内形成的维生素之一。

维生素 K 这种止血维生素是保证血液凝固性、产生凝血酶原所必需的。在身体各个部分缺乏维生素 K 的情况下，可能出现出血、血流不止、贫血增强等状况。维生素 K 存在于植物的绿叶中，在豆油、肝脏、酪蛋白（包括干酪）、核桃、白菜、菠菜、西红柿中。许多维生素 K 也存在于松针和苜蓿叶中。

维生素 C（抗坏血酸）是人时刻需要的维生素，因为它几乎不可能积累。维生素 C 的剩余没有坏处，因为其多余数量被排出机体之外。

维生素 C 可提高腺的吸收水平，具有抗坏血病的功能，它可从动脉中清除多余的胆固醇。

在强烈肌肉活动时，维生素 C 可促进耐力的增强，加快恢复过程。它可提高机体对传染病的抵抗力，促进伤口愈合、骨头的长合、正常的分娩过程。在比赛前、比赛期间和比赛后，每天对其的所需数量增加到 250—300 毫克。在高温或低温条件下的工作或训练，都需要提高维生素 C 的剂量。

B 族维生素

有约 30 种 B 族维生素变种。

所有这些都溶解在水中，所有都是酶的组成部分，所有这些甚至在少量的情况下都能很好地发挥作用。几乎所有的 B 族维生素都可在酵母、肝脏、面包渣中找到。

维生素 B_1 为中央和周围神经系统活动所必需。维生素 B_1 的缺乏可引起记忆力减退、疲劳、不自信、胆怯、神经质、消化系统紊乱，出现四肢疼痛，其中包括双脚肌肉的疼痛、呼吸困难。可以理解，出现这些痛苦疾病时，运动员无法进行符合要求的训练，获得较高运动成绩也就无从谈起。

据说，维生素 B_1 可造就乐观主义者，因为它确实降低了疲劳感、焦急和气愤情绪。

在柔道课程中，维生素 B_1 具有重要的意义，它可在肌肉工作时保证最好地利用碳水化合物。

碳水化合物消耗得越多，对维生素 B_1 的需求量就越大。

含有维生素 B_1 最多的是黑麦面包和小麦面包（用粗面粉制作）、豆类植物（豌豆、四季豆、小扁豆）、啤酒和面包酵母、白菜、胡萝卜、土豆、肉，特别是在猪肉、脑子和肝脏等。

维生素 B_1 的每天标准为 3 毫克。当这种维生素摄入的数量多于机体所需数量时，它被快速排出体外，在机体中不会产生储存。不存在食品中维生素 B_1 含量的季节性波动。

维生素 B_2（核黄素）参与器官和组织的恢复、伤口和溃疡的愈合。食物中缺乏维生素 B_2 时，会出现皮肤病、黏膜病。

维生素 B_2 与维生素 A 结合时，可促进视力的提高。维生素 B_2 存在于动物和植物食品中，通常它与维生素 B_1 相伴而生。维生素 B_2 含量较大的是酵母和禾本科植物的颗粒，以及肉、肝脏、蛋黄、奶。与维生素 B_1 一样，维生素 B_2 在蔬菜中的含量不多。

维生素 B_3（PP）预防皮肤、消化器官和中央神经系统疾病，帮助清除胆固醇和其他脂肪在血管中的沉淀，以及清除“关节炎沉淀”，减缓疼痛。维生素 B_3、抗皮肤癞皮病维生素和尼古丁酸都是大脑所必需的。维生素 B_3 存在于小麦、荞麦、蘑菇、啤酒和面包酵母、豌豆和四季豆、肉类（特别是火鸡肉）、肝脏、肾脏中。

成年人的维生素 B_6 标准约为每天 2 毫克，年轻人需要得稍多一些。体重降低的人需要得更多。

维生素 B_6 的良好来源是核桃、榛子和荞麦粥。维生素 B_6 存在于酵母、肝脏、猪肉、四季豆、白菜和胡萝卜中。

维生素 B_{12}（氰钴素）缺乏就会出现贫血。每天的标准总计为 3 微克。吃肉、吃蛋和喝奶的人，每天平均获得约 15 微克。除酵母外，维生素 B_{12} 只存在于动物食品中，主要是在肝脏、鱼、海产品中。鲱鱼富含维生素 B_6 和维生素 B_{12}。

维生素 H（生物素）用于保持机体对疾病的抵抗力，加固皮肤、指甲和头发。除酵母和肝脏外，维生素 H 可在巧克力、彩色白菜、蘑菇和豌豆中找到。

此外还有维生素 P，它们的主要作用在于使维生素 C 容易被吸收。

维生素 P 的重要作用在于加强毛细血管。因创伤而造成的细小血管皮下出血（这在柔道课堂上可经常遇见到）会引起血肿，为了最快速地愈合，便需要维生素 P。

维生素 P 最丰富的来源是黑果花楸的果实。在沙棘、野蔷薇、黑豆、葡萄的果实中，以及在绿色香芹菜、莴苣、辣椒、荞麦粒中都含有许多此种化合物。

矿物质

矿物质包括钙、磷、钾、钠、镁、铁、硫、氯等，是机体组织细胞的组成部分。尽管它们没有能量意义并且机体每天对它们的需求量只有 20—30 克，但它们在饮食中的作用很大。研究证实，在机体内数量微乎其微的矿物元素具有重要意义，这些微量元素包括铜、锰、锌、钴、锂、碘、氟、氯、铀和许多其他元素，它们参与人体内的所有最复杂的生物化学过程。

矿物质也是形成血液、消化液等所必需的物质，它们具有保持组织蛋白质，以及加强或减弱酶的作用。

矿物元素主要随尿液和汗液等排出体外。一般情况，在数昼夜内从机体中排出的矿物元素是固定的。只有在大量出汗的情况下，这一数量才急剧增加，这经常在训练中出现。因此，机体对矿物元素的需求量取决于其从机体中排出的程度。所有人体所需的矿物元素都包含在各种食品中，但食用盐除外，因此，盐是以纯粹形式与食物一直补充进入人的机体中的。

在积极进行训练时，机体大量消耗磷、钙、钾和钠。这些消耗必须得到补充。

柔道运动员应该知道，存在于肌肉中的各种磷化合物在肌肉收缩，特别是在肌肉高强度工作时起着极其重要的作用。磷化合物可以影响反应速度及需要高度紧张的肌肉运动。磷、钾和镁可以强化骨骼器官。

许多磷存在于肉和肉食品中，存在于鱼（大西洋鳕鱼、鲟鱼、鲱鱼）、鱼籽、奶、奶渣、干酪、胡萝卜、葱中，存在于荞麦、燕麦和小麦的颗粒中，也存在于豌豆、四季豆、小扁豆和黄豆中。富含钙的是罐头、四季豆、奶制品（奶、奶渣、干酪）、鱼籽、小扁豆。含有铁的是血灌肠和香肠、肝脏、草莓。大量含有镁的是干酪、燕麦片、豆类果实。提高规定份粮中的氯化钙数量可改善蛋白质和碳水化合物的吸收水平，而食用盐数量的增加可促进脂肪的更好吸收。同时，在碳水化合物状态下矿物盐的吸收水平要高于蛋白质状态下矿物盐的吸收水平。

在动物食品中包含的矿物质吸收水平为 90%—98%，而植物食品中矿物质的吸收水平为 50%。

钾是加强骨骼组织所必需的。

钾和维生素 D 的缺乏，可引起腰部和胸部脊柱的疼痛。

最可用和相对丰富的钾来源是奶和奶类食品：干酪、奶渣。含有大量钾的是小蟹、鲱鱼、香芹菜叶、大白菜、玉米、辣根（洋姜）和大蒜。

锌在性器官的发育和健康状态方面发挥着重要作用。它有益于皮肤、指甲和头发。含有大量锌的是牡蛎（270—600 毫克/公斤），其次是糠、小麦芽（130—200 毫克/公斤）、大部分蘑菇（75—140 毫克/公斤）。鱼和肝脏中也有锌，但数量较少。

缺铁表现为贫血。主要的症状是感觉疲劳。铁是形成血红蛋白所必需的，而人的身体状况在很大程度上取决于血红蛋白的含量。在缺铁的情况下，运动员不仅感觉疲劳，而且也会出现脸上没有健康色、头疼、呼吸困难（补充肺部的缺氧）、易激动。

铁的吸收是个相当复杂的过程。经常有这样的现象，即机体不能吸收即使是最好的铁制剂。维生素 C 有助于铁的吸收，也能将其成倍增加。因此，最好是将肝脏（含有铁）和香芹菜（维生素 C）相结合。

机体中缺乏镁和维生素 B_6，可造成体重的快速增加、动脉粥样硬化的加重，对心血管系统形成现实威胁。镁缺乏的初期症状是感觉烦燥不安、恐惧、激动、失眠、疲劳。典型的是经常出现痉挛。

镁可加固牙齿，避免出现牙龈结石。

镁存在于罂粟、南瓜、向日葵籽、核桃、绿叶和蜜蜂花中。镁最丰富的来源是可可。

损伤出现的情况和原因及其预防

柔道运动员的支撑运动器官最易受损伤的是膝关节、脚踝关节、肩关节和肘关节。脊柱也易受损伤。

最经常发生的是膝关节半月板的损伤、侧部和十字韧带的损伤。

在柔道运动员的年度训练期内，损伤量最多（约70%）是出现在比赛阶段，这也是最紧张的阶段。少量的损伤（30%）出现在训练和过渡阶段。在训练时的损伤要比比赛时的损伤多出两倍。

柔道运动员发生损伤的主要原因是：不正确地组织教学训练和比赛；教学法的失误；违反比赛规定；技术不正确。

在组织教学法失误中，应该在柔道运动员的教学训练过程中指出不正确的拳击训练组合（重量等级不相符、较大差别的技能水平、技术和身体训练水平），在不好的组织和气氛条件下实施对抗练习，缺乏物质器材保障和裁判等。

柔道运动员出现损伤的主要原因是强化训练时的教学法失误，也就是说，急剧增加量和负荷强度。

在训练课程的开始部分，损伤的出现是因为缺乏心理调整，没有很好地进行准备活动。在训练结束部分，损伤发生在疲劳阶段。教练员特别关注的是比赛准备结束阶段专业训练的最大比重（达90%），在此时，作为非专业训练（普通练习和对抗练习）只占约10%，这表明，柔道与其他运动项目一样，都有一定的专业局限性。

造成柔道运动员损伤的失误与在没有应有的教学、组织和器材保障的情况下将对抗类运动项目加入训练有关。

此外，损伤的出现，也是因为不正确地完成攻击或防守专用技法。柔道运动员的损伤机理各不相同。与跌倒、实施打击有关的损伤直接机理约占40%；约有50%的损伤是因为突然的、不协调或强制性的关节弯曲、伸直、绞拧，还有达10%与损伤组合机理有关。

在技法完成中的技术违规既造成受害者本身的损伤，也造成对手的损伤（比例为2∶1）。这种局面可以用柔道运动员在训练课、选拔和正式比赛中的心理情绪状况来解释。研究表明，柔道运动员的损伤出现在软弱无力的阶段，也经常出现在过度兴奋阶段。在受伤的部分柔道运动员中发现缺乏搏斗的渴望或者获胜的极其强烈愿望。

运动员心理情绪的不稳定性、缺乏应有水平的精神意志准备和斗士的品质，不仅与体育比赛的结果有关，也在很大程度上与损伤出现的频率有关。

为了预防损伤，最为重要的是严格挑选教练员。一对选手应在遵守体重等级及技术训练水平均衡的情况下组成。而且必须对他们进行跟踪，使柔道运动员在课间休息后小心谨慎地并且在医生的批准下投入到训练中。

预防柔道损伤的最重要措施之一（正如已经指出的）是教授保护方法。榻榻米之间没有空隙、覆盖物完整、盖得很严密的榻榻米，所有这些都是安全保证因素。

损伤后到再次训练和比赛的大致期限

（具体情况由医生做出决定）

损伤	天数	
	可以开始训练	可以参加比赛
骨折：		
小腿	80—90 （从解除固定术之日起）	110—120 （从解除固定术之日起）
前臂	40—50 （从解除固定术之日起）	70—80 （从解除固定术之日起）
肩	60—80 （从解除固定术之日起）	90—110 （从解除固定术之日起）
脚掌	3—8 个月（骨折后）	
肋骨	20—30（骨折后）	46—60（骨折后）
锁骨	40—60（骨折后）	70—90（骨折后）
脚踝关节韧带拉伤：		
一级	7—10	10—20
二级	14—20	21—30
三级	21—30	31—40
腕关节拉伤	7—20 天（从损伤之日起）	
肩关节韧带拉伤	90—130 天（从损伤之日起）	
膝关节拉伤和挫伤：		
无关节积血	10—14（伤后）	17—20（伤后）
带有少量出血且韧带损伤	14—28（伤后）	24—35（伤后）
明显关节积血且韧带损伤	在损伤后不早于 60 天	
肘关节和肩关节脱位	30—60（伤后）	90—150（伤后）

应该对一切做好准备

遗憾的是，任何具体的运动项目都不可避免地会出现损伤，更何况是单独搏斗的柔道。在任何情况下，只有受过医学教育的专家才能提供专业化的救护。比赛中永远都有此类专家，那么在训练时，每名运动员都应了解就医前急救的规则并且掌握其方法。

挫伤时的急救

挫伤被称为人体组织和器官的损坏，是由某种钝物体短时间作用的结果造成。这是在柔道课堂上经常可以遇到的损伤。

挫伤属于闭合性损坏，因为挫伤时，身体外表仍保持完整。

为了减少疼痛，阻止进一步出血，消除挫伤后的微肿，首先应该对损伤处进行冷却，这可收缩血管，减少血液向损伤处的流动。为此，可以利用自来水、浸泡在冷水中的毛巾，如果挫伤发生在冬天，也可利用雪，还可利用金属物品（大厅中拥有的拉杆和杠铃）。

运动实践中使用氯乙烷。在10—15厘米的距离外，从小玻璃瓶喷向损坏处，直至出现霜。最好预先在皮肤上涂上一层奶液，以免烫伤。专用凝胶体（Troxevasin 曲克芦丁、Indovazin 吲哚美辛）效果良好。

长时间作用（第一个昼夜间断性地做每次40—60分钟）可达到很好的冷却效果。

出现新创伤的情况下，禁止对损坏处进行按摩或使用加热油膏，因为这会引起血管的扩张，加快血液流动，增大组织间浮肿和加剧疼痛。

失去知觉时的急救

柔道课堂上，因打击、碰撞或跌倒，以及因大脑供血失调（过分的体力负荷或窒息），运动员都会失去知觉。

脑震荡的典型特征是：失去知觉、头晕、呕吐、呼吸表浅、脉波细弱、不记得上一次和此次损伤的时刻。

数秒内失去知觉为轻度脑震荡。在这种损伤情况下，柔道运动员可能继续进行训练，但过了一段时间后他会出现头疼、头晕、恶心。在较重情况下，失去知觉可延长超过三分钟以上。所有情况下的急救都应立即停止课程，将柔道运动员仰卧平放，并且头部稍高一些，保证能够自由呼吸空气，头部冷却，并且送往医疗机构。

因窒息而失去知觉时，坚决禁止拍击受伤者的面颊，因为他已经软弱的舌头可能向后翻卷并且堵塞气管。应该将柔道运动员仰卧平放，抬起其双脚并且轻轻抖动使其恢复知觉，或者在膝盖处弯曲受伤者的双脚同时，按压其胸廓。

脱位和骨折时的急救

脱位是指关节骨端对合面的移位。脱位的症状是：试图运动时关节剧烈疼痛，关节部位微肿，关节不能活动及与健康肢体相应关节相比的形状改变。

脱位时需要做的第一件事情是保证受伤肢体完全静止。将脱位手臂小心地抬起，使用毛巾、腰带或绑带。在腿脱位时，将柔道运动员平放，并且在腿下放置某种柔软的物品。

不要试图将脱位进行复位，因为脱位经常伴随有骨折。复位只有在医院里才可完成。

骨折是最严重的损伤。骨折分为表面皮肤仍然完整的闭合性骨折和表面皮肤有伤口的开放性骨折。

骨折的症状是剧烈的疼痛、微肿、骨折部位出血、骨折肢体形状改变、骨折部位的骨头移动和肢体不能独立活动。

骨折时实施急救的主要任务是保证在骨折部位骨头碎片的完全不动。为此应该将夹板紧紧地包扎在受伤肢体上。夹板可使用任何平整的长物品。

在放置夹板时必须：

（1）将夹板夹住不少于两个关节（骨折部位的上下），同时应超出各关节；

（2）在夹板与肢体之间放置软垫；

（3）用绑带将夹板紧密和均匀地包扎在肢体上。

手臂上放置夹板时，应该在肘关节处将手臂弯曲。腿上放置夹板时，应该在膝关节处将腿伸直。

锁骨骨折时，必须将手臂固定，使其处于不动状态。为此在肘关节处将手臂弯曲，利用绑带（腰带）将其挂在胸前。此外，将肩包扎到胸廓上。

肋骨骨折时，柔道运动员应深深吸一口气，之后呼出一口气，并且在呼气时用宽绑带或腰带束紧胸廓。

应该记住的是，只有医生才能提供专业性的救护，因此，在出现严重损伤的情况下，必须立即将受伤者送往医院。

代 结 束 语

尽管本书的作者拥有大量的比赛经验、柔道领域的教练实践经验和科学工作经验，但如果没有仔细研究本国体育教育流派学者的著作，没有倾听实践专家的意见，那么这本书也将无法写成。我们在此就不一一列举他们的名字了，因为名单将极长，我们也担心没有提及某些人而引起不应有的抱怨。

我们将此书献给自己的教练、榻榻米的同志和对手、裁判、医生，献给为柔道而生活而呼吸的所有人。

如果您从来没有上过榻榻米，您已经失去了许多。但现在还不晚。请穿上和服，系上腰带，开始上路吧。等待您的将是不同寻常的、神秘而开放的柔道世界。

词汇表（柔道技术）

技法的日本名称	汉字名称	技法的动作
Ashi-Barai	足扫	侧脚绊（样式）
Ashi-Gake	足挂	坐姿用异名脚掌挂住
Ashi-Garami	足锁	疼痛技法：膝关节杠杆。在展示肩锁时在摔击之后并且脚掌支撑在腹部时完成
Ashi-Gatame	足固	疼痛技法：在利用脚从上面的肘杠杆。进攻者位于高个对手位置，防守者从侧方。近手攻击
Ashi-Guruma	足车	前脚绊样式：攻击之脚不触及榻榻米
Ashi-Uchi-Mata	足内股	从内部掀起样式
Ashi-Jime	足绞	窒息技法：双脚夹住手臂和头部，从仰卧状态—对手在上部两腿之间
De-Ashi-Barai	出足扫	侧脚绊
Do-Jime	胴绞	窒息技法：双脚抓住夹住躯干（在运动部分中禁止的技法）
Ebi-Garami	虾锁	站立姿势窒息技法（样式）
Ebi-Jime	虾绞	窒息技法：从双脚方向夹住较近的一只脚和同名领口
Eri-Jime	襟绞	站立姿势窒息技法（样式）
Eri-Seoi-Nage	襟背负投	抓住同名领口进行背摔
Fumi-Komi-Seoi-Nage	正进背负投	背摔样式
Gyaku-Gaeshi-Jime	逆返绞	窒息技法：防守者站立姿势，进攻者在防守者面前四肢着地
Gyaku-Juji	逆十字	疼痛技法：利用向上的脚部实施肘部杠杆（防守者仰卧，进攻者在双脚方向）
Gyaku-Juji-Jime	逆十字绞	窒息技法：用手掌呈十字抓住领口，手掌向外翻转（进攻者仰卧，防守者向上）

技法的日本名称	汉字名称	技法的动作
Gyaku-Kataha-Jime	逆片羽绞	窒息技法：进攻者四肢着地，防守者在进攻前面呈站立姿势
Gyaku-Kesa-Garami	逆袈裟锁	疼痛技法：利用从侧部反向阻拦且从大腿下部的肘杠杆
Gyaku-Kesa-Gatame	逆袈裟固	从侧部的反向阻拦
Gyaku-Okuri-Eri-Jime	逆送襟绞	窒息技法：防守者站立姿势，进攻者在防守者前面四肢着地
Hadaka-Jime	裸绞	窒息技法：从后部使用肩和手臂
Hane-Goshi	跳腰	小腿和大腿的下坐
Hane-Maki-Komi	跳腰卷	背摔：在肩下夹住手并且小腿下坐
Hara-Gatame	腹固	疼痛技法：近手的肘杠杆（进攻者四肢着地，防守者从侧部跪坐）
Harai-Goshi	扫腰	前面抓住
Harai-Maki-Komi	扫腰卷	前面抓住并且抓住头部
Harai-Tsuri	扫钓	前脚绊样式
Harai-Tsuri-Komi-Ashi	扫钓进足	前脚绊
Hasami-Jime	挟绞	窒息技法：用领口和一只脚。进攻者俯卧，防守者从侧者跪坐
Hidari-Ashi-Jime	左足绞	窒息技法：从下部使用手臂，利用上部的一只脚。防守者仰卧，进攻者在双脚方向
Hidari-Kata-Seoi	左肩背负	背摔：抓住肩上手向左（阻拦进攻者的左脚）
Hiji-Maki-Komi	出腰卷	疼痛技法：利用上部的双手，站立姿势的肘杠杆
Hiji-Otoshi	出落	撞击膝盖使其失去平衡
Hikkomi-Gaeshi	进引返	从上部抓住腰带摔向一侧
Hiza-Gatame	膝固	疼痛技法：抓住肩上手的肘杠杆。防守者仰卧，进攻者在双脚方向
Hiza-Guruma	膝车	砍膝盖
Hizi-Makkomi	膝腰卷	站立姿势疼痛技法：利用上部的手掌实施肘杠杆

技法的日本名称	汉字名称	技法的动作
Hon-Kesa-Gatame	本袈裟固	抓住手和头部的侧位阻拦
Ippon-Seoi-Nage	单手背负投	抓手过肩背摔
Jigoku-Jime	地狱绞	头朝下的窒息技法，夹住双脚、头部和手
Juji-Gatame	十字固	疼痛技法：在两脚之间夹住手的肘杠杆（样式）
Juji-Jime	十字绞	窒息技法：抓住同名领口（手掌向不同方向翻转）
Kaeshi-Jime	返绞	窒息技法：防守者站立姿势，进攻者在防守者前面四肢着地（样式）
Kagato-Jime	脚跟绞	窒息技法，小腿从下部抓衣领和同名领口（防守者仰卧，进攻者在双脚方向）
Kami-Hiza-Gatame	上膝固	疼痛技法：通过从上面抓住的同名大腿的肘杠杆
Kami-Sankaku-Gatame	上三角固	在用双脚夹住一只脚和用一只手抓住颈部的上部反向抑制
Kami-Shiho-Ashi-Jime	上四方足绞	窒息技法：利用相对于上部反向抑制的手臂和小腿
Kami-Shiho-Gatame	上四方固	从头部方向的抑制
Kami-Shiho-Jime	上四方绞	窒息技法：使用相对于头部方向抑制的手臂
Kami-Ude-Hishigi-Juji-Gatame	上腕挫十字固	疼痛技法：来自上部抑制的两脚之间夹住手的肘杠杆
Kani-Basami	蟹挟	双重预弯（“剪刀式”）。在运动部分中禁止的技法
Kannuki-Gatame	横固	站立姿势疼痛技法：用手臂从腋下抓住一只手的肘杠杆
Kashira-Gatame	头固	从侧部抑制，从远手下部抓住近手和躯干
Kata-Ashi-Dori	肩锁足取	从内部抓住膝下弯曲处的摔击
Kata-Eri-Seoi-Nage	肩锁襟背负投	双手抓住领口的背摔
Kata-Gatame	肩锁固	抓住头部与近手的侧位抑制

技法的日本名称	汉字名称	技法的动作
Kata-Kesa-Gatame	肩锁袈裟固	疼痛技法：用手臂从腋下抓住手的肘杠杆
Kata-Guruma	肩锁车	背摔（“磨坊”）
Kata-Ha-Jime	片羽绞	用手臂和异名领口从后部的窒息技法
Kata-Juji-Jime	片十字绞	用手臂抓住同名领口从前部的窒息技法
Kata-Osae-Gatame	片押固	抓住远手和头部从侧位抑制
Kata-Seoi	片负投	抓住手过肩的背摔（抓住袖口）
Katate-Jime	片手绞	窒息技法：用手臂抓住远领口（“剪刀”）
Katate-Seoi-Nage	单手背负投	抓住手过肩的背摔（样式）
Ken-Ken-Uchi-Mata	内股	从内部抓住
Kesa-Garami	袈裟锁	疼痛技法：来自搏斗抑制的用双脚的肘杠杆
Kesa-Gatame	袈裟固	抓住手和头部的侧位抑制
Ko-Soto-Barai	小外扫	对脚后跟的脚绊
Ko-Soto-Gake	小外挂	用异名小腿从外部挂住
Ko-Soto-Gari	小外刈	用脚掌挂住
Ko-Tsuri-Goshi	小钓腰	抓住腰越过大腿摔击
Ko-Uchi-Barai	小内扫	从内部的脚绊
Ko-Uchi-Gake	小内挂	用同名小腿从内部挂住
Ko-Uchi-Gari	小内刈	从内部用脚掌挂住
Ko-Uchi-Maki-Komi	小内腰卷	用同名小腿从内部挂住（样式）
Koshi-Guruma	腰车	抓住头部越过大腿的摔击
Koshi-Uchi-Mata	腰内股	从内部抓住（样式）
Kubi-Nage	首投	抓住头部的前脚绊
Kuki-Nage	椎投	推击使其失去平衡（向后）
Kuzure-Kami-Shiho-Garami	崩上四方锁	疼痛技法：从头部方向抑制时用手臂从下部进行肘杠杆
Kuzure-Kami-Shiho-Gatame	崩上四方固	从头部方向的抑制（样式）

技法的日本名称	汉字名称	技法的动作
Kuzure-Kesa-Gatame	崩袈裟固	从侧位的抑制（样式）
Kuzure-Makura-Keza-Gatame	崩枕袈裟固	从侧位的抑制（样式）
Kuzure-Yoko-Shiho-Gatame	崩横四方固	远手横抓且躯干在两腿之间
Kuzushi-Kesa-Gatame	崩袈裟固	横向抑制（样式）
Maki-Komi	腰卷	抓手肩下摔击
Maki-Komi-Seoi-Nage	腰卷背负投	过肩摔击样式
Maki-Tomoe	腰卷巴	过顶摔击，脚掌支撑在腹部并且转入抑制（疼痛、窒息技法）
Makura-Kesa-Gatame	枕袈裟固	从侧位的抑制（样式）
Morote-Jime	双手绞	窒息技法：站立姿势抓住异名领口（“风车”）
Morote-Gari	双手刈	抓住双脚的摔击
Morote-Seoi-Nage	双手背负投	过肩摔击，抓住袖子和异名领口
Morote-Seoi-Otoshi	双手背负落	在阻拦进攻者双脚的同时实施过肩摔击
Mune-Gatame	胸固	横向抓住远手的抑制
Mune-Gyaku	胸逆	疼痛技法：来自横向抑制的远手杠杆
Nami-Juji-Jime	并十字绞	窒息技法：抓住同名领口（手掌向下翻转）
Ni-Dan-Ko-Soto-Gari	二段小外刈	对同名脚脚后跟的下坐
Obi-Goshi	带腰	抓住腰带从前面越过大腿的摔击
Obi-Otoshi	带落	侧向转身
Obitori-Gaeshi	带取返	过顶摔击，同时对小腿使绊且抓住后背的腰带
O-Goshi	大腰	抓住后背越过大腿的摔击
O-Guruma	大车	拧住向前越过脚的摔击
Okuri-Ashi-Barai	送足扫	打乱步伐速度
Okuri-Eri-Jime	送襟绞	窒息技法：从后面抓住异名领口
O-Soto-Gari	大外刈	急速缩回
O-Soto-Gurume	大外车	后部掀起

技法的日本名称	汉字名称	技法的动作
O-Soto-Maki-Komi	大外腰卷	急速缩回并且从肩下抓住手
O-Soto-Otoshi	大外落	后脚绊
Othen-Jime	常绞	窒息技法：从后背方向，头朝下，抓住异名领口
Othen-Gatame	常固	疼痛技法：转入头朝下的肘杠杆
O-Uchi-Barai	大内扫	从内部用异名小腿挂住（样式）
O-Uchi-Gake	大内挂	从内部急速缩回
O-Uchi-Gari	大内刈	从内部用异名小腿挂住
O-Uchi-Mata	大内股	从内部掀起（样式）
Ryo-Ashi-Dori	两足取	抓住双脚的摔击
Ryo-Te-Jime	两手绞	窒息技法：从站立姿势用两手抓住嘴
Sankaku-Ude-Kansetsu	三角腕固	疼痛技法：用双脚交叉抓住一只手和头部的肘杠杆
Sandaku-Jime	三角绞	窒息技法：用双脚从下面交叉抓住一只手和头部
Sasae-Tsuri-Komi-Ashi	支钓进足	前部支撑下坐
Seoi-Age	背负上	过肩摔击（样式）
Seoi-Nage	背负投	过肩摔击（通用名称）
Seoi-Otoshi	背负落	在阻拦进攻者双脚的同时实施过肩摔击
Sode-Tsuri-Komi-Goshi	袖钓进腰	抓住异名袖子和领口越过大腿的摔击（样式）
Soto-Gake	外挂	从外部用异名小腿挂住
Soto-Maki-Komi	外腰卷	从肩下抓住手的摔击
Sukui-Nage	掬投	前转身
Sumi-Gaeshi	隅返	小腿下坐的过顶摔击
Sumi-Otoshi	隅落	猛推使其失去平衡（向后）
Tai-Otoshi	体落	前脚绊
Tani-Otoshi	谷落	向后下坐的脚绊
Tate-Sankaku-Gatame	纵三角固	向上的抑制（样式）

技法的日本名称	汉字名称	技法的动作
Tate-Shiho-Gatame	纵四方固	向上的抑制（样式）
Te-Guruma	手车	侧向转身
Tomoe-Jime	巴绞	站立姿势窒息技法（样式）
Tomoe-Nage	巴投	过顶摔击，脚掌支撑于腹部
Tsubama-Gaeshi	燕返	针对侧向阻拦而用侧向阻拦进行反击
Tsuri-Goshi	钓腰	抓住躯干和手实施腰后越过大腿的摔击
Tsukkomi-Jime	突込绞	抓住异名袖子和领口越过大腿的摔击
Tsuri-Goshi	钓腰	抓住躯干和手越过后面大腿的摔击
Tsuri-Komi-Goshi	钓进腰	抓住袖子和领口越过大腿的摔击
Uchi-Mata	内股	从内部掀起
Uchi-Mata-Maki-Komi	内股腰卷	抓住肩下手从内部掀起
Uchi-Mata-Skashi	内股透	从内部掀起（样式）
Ude-Garami	腕锁	疼痛技法：从横向抑制的远手神经节
Ude-Garami-Henkawaza	腕锁变技	疼痛技法：用手臂从上部的肘杠杆（样式）
Ude-Gatame	腕固	疼痛技法：从上部的肘杠杆（样式）
Ude-Hishigi	腕挫	疼痛技法：肘杠杆（样式）
Ude-Hishigi-Hara-Gatame	腕挫腹固	疼痛技法：使用双脚的肘杠杆
Ude-Hishigi-Henkawaza	腕挫变技	疼痛技法：肘杠杆
Ude-Hishigi-Hiza-Gatame	腕挫膝固	疼痛技法：利用脚向上的肘杠杆
Ude-Hishigi-Juji-Gatame	腕挫十字固	疼痛技法：在两脚间抓住一只手的肘杠杆
Ude-Hishigi-Ude-Gatame	腕挫腕固	疼痛技法：肩抵住手臂的肘杠杆（样式）
Ude-Hishigi-Wake-Gatame	腕挫腋固	站立姿势疼痛技法：向内部的手杠杆
Uki-Gatame	浮固	向上的抑制（样式）
Uki-Goshi	浮腰	半转身越过大腿的摔击
Uki-Otoshi	浮落	猛拉使其失去平衡（向前）
Uki-Waza	浮技	下坐向前的脚绊
Ura-Gatame	里固	从双脚方向的抑制（未考虑如“压制”）

技法的日本名称	汉字名称	技法的动作
Ura-Juji-Jime	里十字绞	窒息技法（样式）
Ura-Kami-Shiho-Gatame	里上四方固	从头部方向的抑制（样式）
Ura-Nage	里投	越过胸部的摔击
Ura-Shiho-Gatame	里四方固	从肩部的抑制
Ushiro-Goshi	后腰	大腿下坐（针对越过大腿摔击的回应式摔击）
Ushiro-Jime	后绞	手臂从后面的窒息技法
Ushiro-Nage	后投	抓住双脚的反向摔击
Ushiro-Kesa-Gatame	后袈裟固	从侧位的反向抑制
Ushiro-Yoko-Shiho-Gatame	后横四方固	用后背抑制
Utsuri-Goshi	移腰	下坐转身
Waki-Gatame	腋固	站立姿势疼痛技法：向内部的手杠杆
Yama-Arashi	山岚	向前掀起，并且抓住袖子和同名领口
Yoko-Gake	横挂	阻拦异名脚后跟并且跌倒
Yoko-Guruma	横车	越过胸部的摔击（样式）
Yoko-Hiza-Gatame	横膝固	疼痛技法：利用向下膝盖的肘杠杆
Yoko-Otoshi	横落	向一旁下坐的脚绊
Yoko-Shiho-Gatame	横四方固	横向抑制（样式）
Yoko-Tomoe	横巴	摔击并且脚掌向一侧支撑于腹部
Yoko-Ude-Hishigi	横腕挫	疼痛技法：利用来自向上抑制的向上大腿的肘杠杆
Yoko-Wakare	横分	对同名脚后跟的脚绊

后　　记

普京作为俄罗斯的最重要政治领袖，他是如何与俄罗斯人和中国人交流互动的呢？当志立拿到普京先生签署的出版此书中文版的授权书之后，马上发现，普京先生的亲笔签字排在我的签字的右侧。我知道，一个新的历史时刻来临了，这是一个新阶段的标志。这绝不仅仅是我个人的荣幸。中俄友好合作不仅是两国政府的合作，也是政治领袖与人民之间的友好交流与合作，还是中俄两国人民之间自发的友好交流与合作。中俄友好合作是非常广阔的天地，可以大有作为。志立愿将自己在中俄交流与合作中的几十年心血贡献给您。让我们为创造美好和谐的世界共同努力。

1990 年志立踏上了苏联广袤的土地，至今已上百次在空中、陆地、水上穿行在中俄之间。1991 年中俄交往出现了新的形势和变化，志立 1992 年首创了两国间国家、集体和个人三种股份合作的中国俄罗斯中心有限公司，并于 1995 年任俄罗斯外交部代表处东亚国家经济与贸易合作顾问。1995 年在人民大会堂，作为组委会副主席兼秘书长举办了大型的“面向 21 世纪中俄经贸关系研讨会”和军品与民品混合展。2002 年作为会议的执行主席举办了“亚洲相互协作与信任措施会议”研讨会，促成了“亚信会议”的首届元首峰会。主编《加强信任协作增进地区安全——亚洲相互协作与信任措施会议文集》一书，2002 年哈萨克斯坦共和国总统纳扎尔巴耶夫先生将本书作为礼物正式赠送给中国国家领导人。2002 年组织了中国经济体制改革代表团在俄罗斯与东欧的大型调研。2002 年承办了中国政府的大型经济技术贸易促进团在俄罗斯的交流访问。2006 年创办《大阅兵》中文版杂志，并获得了俄罗斯第一副总理兼国防部部长伊万诺夫和上海合作组织秘书长张德广的表扬。2006 年在中国的俄罗斯国家年闭幕期间，中国太平洋地区合作委员会理事长张序三中将、中国国际友谊促进会常务副理事长谭松林先生和我由于为中俄友好合作做出的贡献，分别获得俄罗斯总统全权代表科诺瓦洛夫先生颁奖。我现任北京亚欧大陆信息咨询有限公司董事长。

志立在过去几十年的公共外交中，在今天的民间交流合作中，在经济、政治、文化、军事、体育、宗教、教育、科技、工业领域亲手培育了中俄人民喜爱的果实。这是中俄友好合作的最好时期给予志立的机会和责任。志立认为，一个盛世中国和一个盛世俄罗斯必将会共同出现在亚欧大陆上。两国必将长期友好合作。志立将为此贡献毕生。让我们拥有和普京一样强健的体魄，承担起自己的责任。让我们为世界上人口最多的国家和世界上土地最广阔的国家的世代友好而共同努力工作吧。

我始终牢记以下热心朋友提供的帮助：连续十年来，每年来华学习螳螂拳的俄罗斯友人沙巴瓦罗夫先生介绍我们结识了本书作者，在与志立共同习练形意拳的时候诞生了出版《和普京一起学柔道》一书中文版的构想；在“2010年北京首届世界武搏运动会”期间，中共中央政治局委员、北京市委书记刘淇先生的热情鼓励，北京市体育局局长李颖川先生的详细指导，都非常有力地推动了本书的出版；俄罗斯驻中国大使拉佐夫先生非常关心本书的出版工作，文化参赞梅捷列夫先生给予了很多具体帮助；中国社会科学院俄罗斯东欧中亚研究所李静杰所长是我们与沙巴瓦罗夫先生相识的第一座桥梁。

北京俄罗斯文化中心，北京亚欧大陆信息咨询有限公司和其领事咖啡俱乐部，中国桑搏俱乐部，中国桑搏沙龙，北京体育大学的专家，日本友人都对本书的翻译出版提供了重要帮助。柔道教练李梦华女士对书中专业词汇进行了校对。译文中的日本著名柔道人物的姓名翻译，获得了中国国际友谊促进会徐明月先生、胡杰女士、韩小也先生的帮助，俄罗斯国家技术集团公司的高级专家扎莫林先生对版式和校对工作都给予了很多帮助。我在此表示衷心的感谢。

我还要感谢在假期日夜加班的专家，他们是当代世界出版社社长孙京国先生，以及李国振先生和谷峰先生，国务院津贴获得者顾关福先生，新华社前驻莫斯科分社社长万成才先生，中国社会科学出版社李小冰女士，王伴牧先生等人。

为出版《和普京一起学柔道》一书提供赞助的企业是“巨化集团公司”[中]，联邦单一制国有企业“应用化学科学中心”[俄]。

我们希望与您交流分享体育的欢乐和心得。

国际桑搏联盟中国代表　葛志立

2011年于北京

国际桑搏联盟

国际桑搏联盟（FIAS）1984 年 6 月 13 日在西班牙的马德里成立。1985 年，国际桑搏联盟成为国际单项体育联合会总会成员之一。今天桑搏已发展到世界五大洲的 80 多个国家。FIAS 每年都举办男子、女子、专业人员、青少年等各年龄段的世界及大洲级别的桑搏锦标赛以及许多其他官方活动。FIAS 也积极参与世界残疾人士的桑搏运动。

国际桑搏联盟名誉主席弗拉基米尔・普京说：

“在我们的国家里有各种样式的体育搏击种类，但是在新的历史阶段，几乎我们所有的现代搏击都起源于桑搏。我想总有一天桑搏会成为奥运项目。”

国际桑搏联盟主席瓦西里・舍斯塔科夫说：“ 桑搏运动是欧洲与亚洲所有格斗体系的融合，更是综合训练手段与方法的最有效形式。桑搏运动最关键的优势之一是格斗中的平衡技术与技巧。桑搏运动中丰富的招式及技法的组合能够为运动员开创出无限的发展空间。我相信，在 21 世纪桑搏将成为世界上更加流行的搏击运动。”

国际桑搏联盟中国代表葛志立说：“桑搏进入中国是在 2010 年北京首届世界武搏运动会上。桑搏包含有摔跤和拳击的成分。桑搏分为体育桑搏、格斗桑搏、军警桑搏、健身桑搏等。‘桑搏’一词是俄文‘徒手自卫术’的简写音译。在具有优良武术和搏击传统的中国开展桑搏运动，是中国和世界桑搏运动新的里程碑。我们在中国的第一所桑搏学校、第一家桑搏俱乐部将打开大门，欢迎您的光临。每一个俄罗斯军人都要参加的桑搏，很值得您亲身体验。”